Adalbert Friedrich Marcus

Von den Vorteilen der Krankenhäuser für den Staat

Adalbert Friedrich Marcus

Von den Vorteilen der Krankenhäuser für den Staat

ISBN/EAN: 9783743623842

Hergestellt in Europa, USA, Kanada, Australien, Japan

Cover: Foto ©Suzi / pixelio.de

Weitere Bücher finden Sie auf **www.hansebooks.com**

Von
den Vortheilen
der
Krankenhäuser
für
den Staat.

Adalbert Friedrich Markus,

Hofrath, Leibarzt und erster dirigierender Arzt des allgemeinen Krankenhauses in Bamberg.

Bamberg und Wirzburg,

in Verlag bey Tobias Göbhardt Universitätsbuchhändler.

1790.

Vorrede.

Am Einweihungstage des neuen Krankenhauses, hatte ich, als Priester dieses der Wohlthätigkeit und der Heilkunde gewidmeten Tempels, die Ehre, in Gegenwart des hohen Stifters desselben, eine Rede über die Vortheile der allgemeinen Krankenhäuser abzulesen. — Diese Rede ist es, die ich nebst dreyzehn Beylagen dem Publikum hier vorlege.

)(Die

Vorrede.

Die Veranlassung dieser Rede Beylagen an-
zufügen, ist folgende. — Der Herr Hofrath
und Stadtkonsulent Schloehlein, hatte in seiner
Standrede, die er im Nahmen der ganzen Bürgerschaft vortrug, so wie ich, dem **Fürsten** für
die vortreffliche Einrichtungen und Anstalten ge-
dankt, die Er während Seiner Regierungsjahre, zum Wohl Seiner Unterthanen, zu Stande
gebracht. — Auf diese Anrede antwortete der
Fürst ungefähr mit folgenden Worten: „Ich
„weiß, daß es Sitte ist, daß die Redner bey ge-
„wissen öffentlichen Gelegenheiten, die Handlun-
„gen der Fürsten erheben. Ich mißbillige die-
„sen Gebrauch gar nicht — sollten auch die Für-
„sten die gute Thaten nicht vollbracht haben, wo-
„von die Redner sprachen, so können die Für-
„sten doch dadurch angefeuert und erinnert wer-
„den, ihre Kräfte anzuspornen, das Gute zu be-
„ginnen, wovon die Rede war. — Von der
„ersten Stunde an, wo ich zur Regierung ge-
„kommen, hegte ich den Grundsatz, der Fürst
„sey für das Volk da, und nicht das Volk für
                                        „den

„den Fürsten. Bey dem Antritte meiner Re-
„gierung, habe ich mir daher ein Syſtem ge-
„macht, ſolche Einrichtungen und Anſtalten zu
„treffen, die das Wohl meiner Unterthanen be-
„fördern möchten. Ich muß aber hier das öf-
„fentliche Geſtändniß machen, daß ich nur weni-
„ge meiner Plane bis daher ausgeführt habe.
„Meine oft ſehr ſchwankende Geſundheit, gewiſſe
„Aengſtlichkeiten die von meinem phyſikali-
„ſchen Zuſtande herrühren, die meine gute
„Entſchlüſſe öfter vereiteln, haben mich verhin-
„dert, viele zum Wohl meiner Unterthanen ent-
„worfene Plane auszuführen. Friſtet Gott mir
„aber meine Tage noch länger, und befeſtiget
„meine Geſundheit, ſo hoffe ich das zu Stande
„zu bringen, wovon ich überzeugt bin, daß es
„das Wohl meiner Unterthanen befördern wird‚

Die gar zu große Selbſtverläugnung, die
in dieſen Worten liegt, beſtimmte mich meine
Rede mit Beylagen herauszugeben; — beſtimmte mich durch unwiderlegbare Aktenſtücke zu be-
weiſen, daß der Fürſt die viele und vortreffli-

che

che Einrichtungen wirklich zu Stande gebracht, auf die ich mich in meiner Anrede bezogen habe. —

Diese Beylagen könnten auch wohl noch einen zweyten Beweis liefern. — Den nähm-lich, daß die Nachrichten, welche einige neuere Reisebeschreiber über unsre Stadt und unser Publikum, in ihren Beschreibungen allgemein zu verbreiten gesucht haben, erdichtet, falsch und ungegründet sind. —

Seit dem Herr Nicolai den Ton angege-ben hat, haben mehrere dergleichen auf Aben-theuer ausgehende Ritter es versucht, Bamberg auf eine unerlaubte Art herabzuwürdigen. —

Diesen Unfug hat der verlarvte Verfaß-ser der Reise durch das südliche Deutschland Leipzig 1789, auf das höchste getrieben.

Dieser Mann behauptet dreist, daß die Morgendämmerung des Verstandes noch in ei-nem halben Jahrhundert bey uns nicht wird durch-
drin-

bringen können. — Ich fordere jeden Unpar-
teyischen auf, zu entscheiden, ob man das mit
Recht von einer Stadt sagen kann, wo unter
der Regierung eines weisen Regenten, Armenanstalten, Schulverbesserungen, Agricultur, Kunstfleiß, Wissenschaften, Gesetzgebung so weit gediehen sind, als in unsrer Vaterstadt.

Die Wegräumung der Statüen in dem See-
hofgarten, hat auch die Galle dieses neuern Reise-
beschreibers, woran er einen großen Ueberfluß
zu haben scheint, rege gemacht. — Er stehet
in dem falschen Wahn, diese Statüen wären
deßwegen weggeschafft worden, weil sie schlüpfri-
ge Vorstellungen enthielten. Er konnte sich daher nicht enthalten, auszurufen: „Bigotte und
„dumme Menschen, wollt ihr den Schöpfer ta-
„deln, der die Menschen so, und nicht anders
„schuf“! — Wie lächerlich machen sich diese
Herren doch nicht mit ihren unzeitigen Anekdoten! — —

Die-

Vorrede.

Diese Statüen sind, wie jedermann bey uns weiß, aus keiner andern Ursache weggeschafft worden, als weil ihre Menge, den Garten mißstellte, und weil sie insgesammt von einem Meister waren, der nur sehr mittelmäßige Kunststücke geliefert hat. — Ihre Vorstellungen aber sind nichts weniger als schlüpfrig, und das lüsterne Aug dieses Reisenden, hätte hier wirklich keine Sättigung gefunden. —

So lange Wirthe, Lehnlaqueyen und Hausknechte, die Wegweiser und Gewährsmänner dieser Reisenden bleiben, so lange muß das Publikum auf seiner Huth seyn, wenn es anders um sein gutes Geld nicht geprellt, und es für erdichtete Anekdoten und Unwahrheiten hergeben will. — Herr Geheimerath Baldinger, mein unvergeßlicher Lehrer, sagte jüngst bey einer nicht unähnlichen Gelegenheit in seinem medizinischen Journal: „auf eine Lüge, gehört eine Ohrfeige." Sollte dieses Schicksal auch einem Theile der

Vorrede.

der neueren Reisebeschreiber begegnen, so fürchte ich, daß Taubheit in eben dem Grad sie treffen möchte, als Blindheit sie wirklich! schon getroffen zu haben scheint. —

Hoch=

Hochwürdigſter Biſchof und Reichsfürſt,

gnädigſter Fürſt und Herr!

Die vortrefflichen Anſtalten, welche **Euer Hoch-** **fürſtlichen Gnaden,** während Dero glor-
reichen Regierung für das Wohl der leidenden Menſch-
heit unternommen, haben längſt ſchon den Beyfall und
die Bewunderung aller guten und gefühlvollen Menſchen
auf ſich gezogen.

Lange ſchon ſahen ſie daher dem Augenblicke entgegen, wo ſie das Gefühl der Freude und des Dankes
Ihnen öffentlich an Tag zu legen im Stande wären.

Dankvoll erinnern ſie ſich der beſondern Aufmerkſamkeit, mit welcher Höchſtdieſelbe die Quellen der drü-

A   cken-

ckenden Armut aufgesucht, gefunden und verfolget haben *a*).
Dankvoll erinnern sie sich, daß man es **Ihrer Vat-**
erliebe schuldig ist, daß Städter und Landmann itzt
ruhig, den Schweis ihrer bebauten Gärten und Fluren
genießen.

Unvergeßlich ist ihnen, daß **Fanz Ludwig**
dem verderblichsten aller Spiele ein Ende gemacht, welches Vermögen und Glück so vieler Familien verschlang,
um sie in Dürftigkeit und Elend zu stürzen. *b*).

Unvergeßlich sind ihnen Dero vortreffliche Schulverbesserungen, deren Ziel ist, hier und dort unser
Wohl zu befördern *c*).

Und von Dankgefühl hingerissen sind wir mit ihnen,
wenn wir sehen, wie Sie mit rastlosem Eifer daran
arbeiten, in Ihren Ländern Ackerbau, Viehzucht,
Kunstfleis und Wissenschaften emporzubringen *d*).

Wenn wir sehen, wie Sie gleich ein Numa,
gleich ein Titus Ihr Volk durch eine bessere und mil-
dere Gesetzgebung glücklich zu machen suchen *e*).

Diesem Ihrem Geiste der Gesetzgebung verdanken wir's itzt schon, daß von unsern Gerichtshöfen Fol-

ter

---

a) Siehe Beylage Nro. I.
b) S. Beylage Nro. II.
c) S. Beylage Nro. III.
d) S. Beylage Nro. IV.
e) S. Beylage Nro. V.

ter und Schwerd faft gänzlich verbannt find, — daß
auf unfern Richtplätzen kein Menfchenblut feit einem Jahr-
zehnt rauchte. — Und doch! hörten wir nie weniger
von Miffethaten, nie waren von Miffethätern unfere
Gefängniffe leerer *f*).

Und wenn wir endlich fehen, wie Sie als ein
wahrer Vater des Vaterlandes täglich allen unfern Wün-
fchen zuvorzukommen eilen; — wie Sie Böden und
Wälder öffnen laffen, um auch unfern entfernteften Be-
dürfniffen zu begegnen *g*).

Doch wer vermag fich aller Wohlthaten zu erinnern, und alle vortrefflichen Anftalten zu erzählen, womit
Euer Hochfürftlichen Gnaden ein ewiges Denkmal fich in den Herzen Ihrer Unterthanen errichtet hab-
en! — Alles diefes zu entwickeln fühle ich meine Feder
und Kräfte viel zu fchwach, fo wie den Raum der Zeit
viel zu kurz.

Als Arzt fodert jedoch meine Pflicht mich auf,
hier öffentlich die vortrefflichen Einrichtungen nahmhaft
zu machen, welche Hochftdiefelbe zum Wohl der leidenden Menfchheit, und zur Aufnahme der Arzneywif-
fenfchaft, zu veranftalten, gnädigft geruhet haben.

A 2

Ih=

---

f) S. Beylage Nro. VI.

g) S. Beylage Nro. VII.

4

Ihnen verdanken wir die neuerrichtete Hebammenschule, — die Anstalten für den bessern Unterricht der
Wundärzte, — und die Errichtung der Armen Krankenpflege.

Dieses sind Anstalten, welche zum Wohl der
Menschheit, zur Ehre der ganzen Arzneywissenschaft,
und zum unsterblichen Ruhm ihres unsterblichen Stifters gedeihen müssen.

Durch die Hände unerfahrner Wehemütter wurden
öfters Mütter ihren zahlreichen Familien, Gattinnen ihren
Männern, und Kinder ihren trostlosen Aeltern entrissen.—
Lange schon hatte der Jammer dieser schuldlosen Opfer der
Unwissenheit, das gefühlvolle Herz dieses menschenfreundlichen Fürsten gerühret, den längst schon die Einrichtung
einer Hebammenschule beschäftigte, welche itzt wirklich ihr-
en gesegneten Anfang genommen hat.

Ihnen verdanken wir, daß Sie mit Ernst und
Eifer die Hindernisse verfolgten, welche der Bildung
guter Wundärzte im Wege standen. Neue Lehranstal-
ten öffneten sich auf Dero Geheis den Zöglingen der
Wundarzneykunst, und gaben ihnen Gelegenheit, sich
in allen Theilen ihrer Kunst unentgeldlich Unterricht zu
verschaffen i).

Welch

---

h) S. Beylage Nro. VIII.
i) S. Beylage Nro. IX.

Welch unsterblichen Dank verdient nicht die so wohlthätige Einrichtung des Instituts für die Nothleidende, besonders in Hinsicht der Krankenanstalten — k)?

Dieses Institut, welches im Jahre 1786 errichtet, wodurch bisher mehr denn 2000 unserer Mitbürger ihre vorige Gesundheit wieder erlangt haben. — Sind dieß nicht Werke, welche unsern großen Fürsten, als einen wahren Menschenfreund, als einen besondern Beförderer der Arzneywissenschaft aufstellen?

Allein, noch blieb für die Wünsche des Menschenfreunds und des Arzts und für den unsterblichen Ruhm **Franz Ludwigs** ein Werk auszuführen übrig, ein Werk, welchem schon verflossene Zeiten sehnlichst entgegensahen. — Es ist vollendet, es ist ausgeführt! — Hier, wo wir stehen, erhebt sich dieß große Denkmal des unsterblichen Ruhmes unsers wohlthätigen Fürsten zum Wohl der Menschheit, und zur Ehre der Heilkunde.— Ueber dem Eingange dieses prächtigen Gebäudes, glänzen auf dauerndem Marmor die goldenen Worte:

Krankenspital der Nächstenliebe gewidmet im Jahre 1787. l).

Heute ist der Tag, wo dieser der Wohlthätigkeit gewidmete Tempel durch die hohe Gegenwart des Stifters selbst eröffnet und eingeweihet werden soll.

A 3   Die

---

k) S. Beylage Nro. X.
l) S. Beylage Nro. XI.

Die Feyer dieses Tages fodert den Menschen=
freund und den Arzt auf, das Andenken desselben, so
wie das Andenken des hohen Stifters zu verewigen.

Hier am Fuße dieses prächtigen Gebäudes stehet
eine Menge Volkes mit staunendem Blicke, und vergißt
vielleicht die innere Größe dieses Werkes; — vergißt
vielleicht die Wohlthaten, welche hieraus dem Staate
zufließen werden; — denkt vielleicht wenig daran, daß
Tausende ihrer leidenden Mitmenschen in diesem wohl=
thätigen Hause einst verpflegt werden sollen; — denkt
nicht, daß dieses Krankenhaus einst die trefflichste Pflanz=
schule künftiger Aerzte, und die beste Schule der gan=
zen Arzneywissenschaft überhaupt werden müsse.

Meine Pflicht als Arzt, besonders als Arzt dieses
Hauses ruft mich aber auf, dem staunenden Volke,
und dieser glänzenden Versammlung, heute an dieser
Feyer die Gegenstände ihrer Verwunderung und Freude
kenntbar zu machen, und ihnen den innern Werth und
Größe eines wohlgeordneten Krankenhauses, und die
wichtigen Vortheile, welche dem Staate hieraus zuwachsen,
tief ins Herz zu legen.

Die Errichtung dieses Krankenhauses leitet einen
Strom von Wohlthaten auf den Staat. — Sie ge=
währet dem armen und kranken Theile der Unterthanen
einen sichern Zufluchtsort, und sie verschafft der Heil=

kunde

funde Gelegenheit, Zöglinge zu ziehen, die dermaleinst dem Vaterlande mit Nutzen vorstehen werden.

Diese Vortheile scheinen mir so groß und wichtig, daß ich mich unmöglich enthalten kann, sie hier einzeln zu betrachten.

Armut ist für sich schon eine drückende Last; — gesellt sich noch Krankheit hinzu, so sind dieß die schlimmsten Gefährten des menschlichen Elendes. — Der Dürftige, so lange ihm seine Gesundheit noch Kräften giebt, fühlt weder die Last seiner Arbeit, weder das harte Strohlager, auf welches er seine von Arbeit ermattete Glieder hinwirft, noch die schlechte Nahrung, die ihm seine Dürftigkeit zubereitet. — Aber lassen wir nun auch Krankheit in die Hütte des Dürftigen kommen, so fällt, von ihrem Hauche vergiftet, der Elende aufs Krank-enbett. — Er liegt auf einem harten Strohlager hin-gestreckt, und fühlt die Leiden seines Zustandes doppelt. — Er bedarf Nahrung; die Hände, die sie ihm sonst er-warben, sind ohnmächtig gesunken, und seine Krankheit fodert noch überdieß eine bessere Nahrung als jene, die ihm seine Dürftigkeit noch in seinem gesunden Zustande, zu erwerben in Stand setzte. — Er ist Vater, er ist Gatte, ein Haufe hungernder Kinder, eine trostlose Gattin umringen sein Krankenlager, und vermehren seine Leiden. Er bedarf Arzneyen, er bedarf eines Arztes,

bey=

beyde versagen ihm seine Dürftigkeit. — Höchstens
mag er bey einem elenden Quacksalber, der seine Kunst
um einen geringen Preis anbietet, Hülfe suchen. —
Und eben dieser, bey dem der Elende Hülfe suchet, eben
der mordet ihn, unter dem Scheine der Wohlthat, aus
sträflicher Unwissenheit. Nicht selten überläßt sich der
Kranke, welches oft noch besser ist, bey dem Gebrauche
einiger unschädlicher Hausmittel, ganz seinem Schick-
sale. — In dieser Lage kämpft der Leidende theils
mit Krankheit, theils mit Armut, theils mit andern
Nebenfeinden, welche die Macht der Krankheit verstärk-
en. — Ist es wohl zu wundern, wenn die wohlthätige
Natur endlich diesen Feinden unterliegt? — Er stirbt. —
Eine verwaiste Familie, Kinder und Mutter sind bey
diesem Verluste dem Staate künftig zur Last. Gemeine
Quellen der Armut! — Gesetzt aber auch, der Arme
siegt über sein Uebel, die Krankheit verläßt ihn, und
er ist wirklich wieder genesend! Aber sein Wiedergenes-
ungszustand, seine durch die schwere Arbeit abgemattete
Glieder brauchen nun Erhohlung — —! Woher soll er
diese nehmen — ? Der Dürftige geht hungernd zu seinem
Tische, und aus Mangel der nöthigen Nahrung, früher
als er sollte, zur Arbeit. — Er geneset daher langsam,
oder fällt wohl gar in seine vorige Krankheit zurück,
und bleibt nicht selten aus dieser Ursache ein siecher Körper.

Doch,

Doch, wer wird die Schilderungen dieses Menschenelendes mit den Farben mahlen können, mit welchen sie der Arzt zu sehen öfters die Gelegenheit hat.——? Mit einem Worte, Armut und Krankheit sind mächtige Feinde, welchen die menschliche Natur ohne Beyhülfe nicht zu widerstehen vermag. — Feinde, welche auf Kosten des Staates großes Verderben anrichten. Und doch ist nichts gemeiner, als daß beyde gemeinschaftlich den Menschen anfallen.

Von jeher gab es aber auch Wohlthätige, welche für das Leiden ihrer Mitmenschen ein empfängliches, ein fühlbares Herz hatten. Ansehnliche, vermögende Mitglieder des Staates, wohlhabende Bürger verwendeten beträchtliche Summen zur Errichtung solcher Zufluchtsörter, wo den Leidenden Hülfe geleistet ward. — Auch wir haben in unserer Vaterstadt solche wohlthätige Stiftungen. — Diese Stiftungen werden stets merkwürdige Denkmale der Menschenliebe und der Wohlthätigkeit ihrer Stifter bleiben. — Aber diesen Krankenhäusern, welche in dem Geschmacke und nach dem Geiste der damaligen Zeiten erbaut worden, wo man zu wenig auf gesunde Lage, innere und äußere Bauart, Einrichtung der Krankenpflege, Nahrung und Warte sah; — fehlt es, nebst diesen so nothwendigen Bequemlichkeiten, auch noch an Raume, so viele

A 5

Kranke

Kranke zu faſſen, als das Verhältniß der hieſigen Volksmenge erheiſcht *m*). — Daher entſtanden jene Verpflegungsanſtalten, wodurch die arme Kranken in ihrer Wohnung verpfleget wurden. — Der Mildthätigkeit und der Croßmut eines Oheims **Euer Hochfürſtlichen Gnaden**, verdanken die Einwohner dieſer Stadt, eine der anſehnlichſten und beträchtlichſten Stiftungen dieſer Art *n*).

So wohlmeinend und vortrefflich dergleichen Anſtalten auch ſeyn mögen, ſo machen ſie doch ein wohlgeordnetes Krankenhaus nicht entbehrlich. — Denn wenn es gewiß iſt, daß die Krankheiten in den Hütten des Dürftigen, in der unreinen Luft, in der Unreinlichkeit überhaupt, wo die Bilder der Armut den Elenden ſtets umgeben, — mehr Nahrung und Stärke erhalten, und ihre Heilung faſt unmöglich machen; ſo wird man ſich immer noch eine vollkommenere Hülfe für dieſe leidende wünſchen. Und dieſe gewähren einzig und allein zweckmäßig eingerichtete Krankenhäuſer. Hier kömmt der Elende aus ſeiner engen finſtern Hütte, wo ihm das Bewußtſeyn ſeiner Armut ſtets vor Augen iſt, — in eine geraumige lichte Wohnung; —

aus

---

m) S. Beylage. Nro. XII.
n) S. Beylage. Nro. XIII.

aus einer unreinlichen Wüste, in ein Haus, wo Reinlichkeit die erste Sorge ist; — aus einer eingesperrten verdorbenen Luft, in eine reinere Atmosphäre; — hier erwartet ihn eine reinliche bequeme Kleidung, ein weicheres Krankenbett; hier genießt er, die seinem Zustande angemessene Nahrung, ohne Schonung der Unköften; — hier endlich ist er unter der steten Aufsicht eines wachtsamen Wärters, eines sorgfältigen Arztes, der ihn fleißig besuchen kann.

Welch eine Menge Vortheile für den armen Kranken, die er in seiner eignen Wohnung fast gänzlich entbehren muß?

Dieses wären also die Vorzüge, welche ein allgemeines, wohlgeordnetes Krankenspital für die Leiden der armen Kranken hätte. —

Erlauben Sie mir nun noch, **Gnädigster Fürst** und **Herr**, daß ich auch die Vortheile kurz beleuchten darf, welche Krankenhäuser für die Arzneywissenschaft haben.

Krankenhäuser sind die beste Schule für die Aerzte.— Sie bilden die Lehrlinge zu guten praktischen Aerzten, sie unterrichten selbst noch den Meister der Kunst, und bringen die Arzneywissenschaft zu einer größern Vollkommenheit.

Die

Die Heilkunde ist eine Erfahrungswissenschaft; sie läßt sich ohne Beyspiele weder lehren noch lernen. — Wer eine Krankheit richtig erkennet, wird mit Sydenham leicht ein Mittel finden, sie zu heben; oder, wenn dieß über die Kräfte der Kunst ist, die Krankheit als unheilbar voraussagen können.

Die theoretische Schilderungen der Krankheiten in Büchern und auf Lehrstühlen, sind für den Lehrling schwache Abdrücke, welche am Krankenbette oft irre führen, und den ganzen Vorrath gesammleter Kenntnisse, nicht selten unbrauchbar machen; — sein Urtheil über die Krankheit wird schwankend, und die darauf gebaute Heilungsmethode unsicher. — Sehr oft nehmen Krankheiten eine tückische und unkenntliche Larve an, welche der geübteste Praktiker nur mit Mühe erkennt. Was muß nun aber dem Arzte geschehen, welcher vom Buche zum Krankenbette gehet —? Die Krankheiten müssen im Buche der Natur studieret, und der Gang derselben am Krankenbette mehrmalen genau beobachtet werden. — Wer dieß nicht thut, ist ein mittelmäßiger Arzt; — und der mittelmäßige Arzt, sagt der große Stoll, ist immer ein schlechter Arzt.— Es ist besser, sagt er, keinen Arzt zu haben, als einen schlechten, man ist besser in den Händen der ungestörten Natur, als in den Händen eines solchen Arzt-

es

es. Die Arzneywissenschaft, hat mit der Kriegskunst etwas Gemeinschaftliches: beyde Wissenschaften sind unter Menschen unentbehrlich: — beyde sind verheerend, wenn sie mittelmäßig, das ist schlecht, ausgeübt werden; — beyde im Ganzen menschenschonend, beyde menschenerhaltend, wenn sie gut getrieben werden. — Um diese Fehler einigermaßen zu verhüten, sind die Krankenhäuser die besten Hör- und Lehrsäle. — Hier übersieht der Lehrling eine Anzahl von Kranken zugleich; — er kann die Krankheiten unter sich leichter vergleichen, Zufälle mit Zufällen berechnen, Aehnlichkeit und Unterschied leichter bemerken.

Die Krankenhäuser sind demnach die beste Gelegenheit brauchbare Aerzte dem Staate zu erziehen. Hat der Staat keine solche Gelegenheit, so müssen seine Aerzte im Auslande mit Aufwand von Kösten gebildet werden, oder er erzieht sich, wenn jene das Vermögen nicht haben, Aerzte ohne Erfahrung, welche ihm schädlich werden müssen. — Nebst dem, daß die Lehrlinge in diesen Häusern zu guten Aerzten gebildet werden, erzielt man auch den Vortheil, die Wissenschaft selbst durch wichtige Beobachtungen zu bereichern. — Denn so große Vorschritte man in neuern Zeiten in dieser Wissenschaft gemacht hat, so kann doch der Gränzstein

ſtein dieſer Kunſt noch viel weiter hinausgerücket werd=
en. — Die Mittel aber die Gränzſteine dieſer Kunſt
weiter hinauszurücken, der Natur ihre Geheimniſſe ab=
zulauern, ſind keine beſſere, als die man durch den
Weg der Beobachtungen findet. — — Durch Be=
obachtungen wurde Hippokrates der Vater der Heilkun=
de, — Sydenham das Muſter der Aerzte, und alle
Aerzte groß, und die Kunſt reich. — Getreue Be=
obachtungen zu machen, iſt aber nirgends eine ſchicklich=
ere Gelegenheit, als in Krankenhäuſern. — Hier
lernt man die Natur der Volkskrankheiten kennen,
welche entweder mit den Jahrszeiten, oder auch ohne
dieſe Ordnung zu beobachten, in ſo mannichfaltigen un=
kennbaren Geſtalten erſcheinen. — Hier iſt es, wo
man durch Leichenöffnungen ein Licht über noch unbe=
kannte Krankheiten zu verbreiten im Stande iſt. —
Hier endlich iſt der Ort, wo die Heilkräfte gewißer
Arzneyen und Heilmethoden genauer geprüft, Verſuche
an Krankheiten gemacht werden, die bisher von Aerzten
für unheilbar gehalten wurden.

Groß ſind alſo die Vortheile, welche dem Staat
durch wohleingerichtete Krankenhäuſer zuwachſen; —
groß für die leidende Menſchheit; — groß für die Heil=
kunde.

Ewi=

Ewigen Dank verdienen daher Regenten, die in
Ihren Staaten dergleichen gutgeordnete Krankenhäuser
errichten laſſen. Ewiger Dank ſey daher auch Ihnen,
gnädigſter **Fürſt** und **Herr**, daß Sie auch uns
ein ſo wohleingerichtetes Krankenhaus zum Geſchenke gemacht haben, von dem noch jüngſt einer der erſten und
größten Wundärzte des Auslandes ſagte, daß es kaum
ſeines Gleichen in Deutſchland haben würde.

Und dieſes Haus erbaute dieſer erhabene **Fürſt**
größtentheils aus ſeinem Eigenthume, und noch täglich
fließen zur innern Einrichtung dieſes Hauſes mehrere
Tauſende, aus eben dieſer Quelle.

So wuchert dieſer **Weiſe**, dieſer **Titus**, dieſer
Vater der Armen, mit ſeinen Schätzen. — Herrlich
wie Edelgeſteine werden ſie glänzen dieſe Schätze in der
Tugendkrone, die Ihm die Unſterblichkeit auffetzen
wird.

Vereinigen ſie ſich mit mir edle Einwohner dieſer
Stadt, das Andenken dieſes Tages, das Andenken
dieſes **Fürſten** in unſern Jahrbüchern, in unſern Herz-
en zu verewigen. — Laſſen ſie uns die Fürſicht an-
flehen, daß ſie dieſen wohlthätigen **Fürſten**, dieſen
Vater des Vaterlandes, uns lange erhalte. ———

Du

Du aber schönes Denkmal der Wohlthätigkeit dieses menschenfreundlichen **Fürsten,** troße Jahrtausenden, stehe ewig. Rufe stets laut jeden, der Vorübergehenden zu, daß auch sie, in Nächstenliebe thätig, der Stiftungsquelle standesmäßigen Zufluß ertheilen. —

— Der Seegen Gottes ströme dafür auf diese Wohlthätigen von oben herab, die, nach dem Beyspiele dieses erhabenen **Fürsten,** gern ihren armen Mitbürgern eine Thräne abwischen.

Bey-

Beylage.
Nro. I.

Wie sehr unser gnädigster Landesvater schon bey dem Antritte Seiner hohen Regierung es sich angelegen seyn ließ, die Quellen der Armuth aufzusuchen, und zu verfolgen; wird man aus Folgendem leicht bemessen können.

Er wurde den 12ten April 1779 als Fürst hier erwählet; und schon den 24sten April des nämlichen Jahres erließ Er ein Reskript über das Armenwesen an die hiesige Hochfürstliche Regierung, wovon ich nur den Innhalt des Eingangs hier ausheben will.

„Unter den vielen und wichtigen Gegenständen, „welche Wir bey Antrettung Unserer dahiesigen Fürst= „lichen Regierung zur besondern Landesfürstlichen Auf= „merksamkeit, und Sorgfalt auf Unsere Regenten= „pflicht willig übernommen haben, ist vorzüglich jener, „daß Wir denjenigen Landeseinwohnern Unseren Bey= „stand und allmögliche Hülfsleistung widmen, und ver= „schaffen lassen wollen, welche deren in allem Betracht „am bedürftigsten sind. Hieben verdienen allerdings „den Vorzug die armen Nothleidenden beyderley Ge=

B   „schlechts;

„ſchlechts, ſowohl in Unſerer dahieſigen Reſidenzſtadt,
„als auf dem Lande, denen es am Vermögen, an Nah=
„rungsmitteln, und an Verdienſtes-Gelegenheit, ſich
„ſolche zu erwerben, mangelt. Dieſen gedenken Wir die
„Würkung Unſerer väterlichen Sorgfalt, und Vorſehung
„in ausgiebigem Maaße wiederfahren zu laſſen. Wir
„erzielen dadurch, den verabſcheuungswürdigſten Müßig=
„gang, und das verderbliche Herumſtreichen in dem Lande
„abzuſtellen, damit der Staat mit tüchtigen, und ar=
„beitſamen Bürgern bereichert, und beglücket werde.‟

Zwey Regierungsräthe wurden in dieſem Reſkripte
als Referenten des Armenweſens aufgeſtellet. Es wurde
ihnen aufgetragen, einen Plan zu entwerfen, wie das
Betteln in der Stadt und auf dem Lande abzuſtellen
ſey. Die beyden hierzu auserſehenen Räthe waren unſer
verdienſtvoller Herr Geheimerrath von Haisdorff und der
ſehr gelehrte, zu frühe verſtorbene Hofrath Stenglein.—
Dieſe beyde würdigen, und verdienſtvollen Männer be=
arbeiteten gemeinſchaftlich einen Plan, und über=
reichten ihn auch nach einiger Zeit unſerem **gnädigſten
Fürſten**, der ihn auch mit Beyfall aufnahm. Schon
damals hätte der **gnädigſte Fürſt** dieſen Plan in
Ausübung gebracht, wenn Er nicht durch Krankheit,
durch wichtige Geſchäffte, vorzüglich aber dadurch zu=
rückgehalten worden wäre, daß Er zuvor einige Hinder=
niſſe wegräumen mußte, die der Ausführung dieſes

Plans

Plans im Wege stunden. — — Unser **gnädigster Landesvater** beschloß hierauf im Jahre 1786
eine besondere Armenkommiſſion zu errichten. In einem
Reſkript von dieſem Datum ſetzte Er feſt, daß in Zukunft die
Berathſchlagungen über das Armenweſen weder bey der Regierung noch bey der Polizeykommiſſion mehr vorkommen ſollten. Die Armenkommiſſion ſolle ein Korpus für ſich aus-
machen, und aus folgenden Mitgliedern beſtehen: Herrn
Domkapitularen Regierungs-Präſidenten Freyherrn von
Buſſek. — Herrn Domkapitularen Geheimenrath Freyherrn von Hutten. — Herrn Domkapitularen Freyherrn von Kerpen. — Herrn Geheimenrath und Reiſe-
marſchall Grafen von Rottenhan. — Herrn Geheimenrath von Haisdorff. — Herrn Geiſtlichenräthen Bran-
ka — und Schmittlein. — Herrn Hoffkammerrath
Wunder. — Herrn Aſſeſſor Spieler. — Herrn Raths-
verwandten Biswanger. — — Mit Ueberlegung und
Klugheit wählte unſer **gnädigſter Fürſt** Mitglieder zu
dieſer Komiſſion faſt aus allen hieſigen Departements,
damit dieſe Mitglieder einen mündlichen Vortrag über
die Angelegenheiten des Armenweſens bey ihren Stellen
machen könnten. Der Stifter dieſer Anſtalt ſuchte dadurch allen Weitläuftigkeiten und Schreibereyen vorzubeugen. Das Präſidium behielte ſich der **gnädigſte Fürſt**
ſelbſt bevor. Den 15ten November 1786 eröffneten
Höchſtderſelbe in eigener **hoher Perſon** dieſe

B 2   Kom-

Kommiſſion. Die Hauptabſicht der Kommiſſion ſollte dahin gehen, die wirklichen Armen und Nothleidenden der Stadt auf alle Art und Weiſe zu unterſtützen, ihren Zuſtand ihnen erträglich zu machen, das Betteln auf den Straſſen und in den Häuſern zu verhindern, und vorzüglich die Müſſiggänger und Scheinarme zur Arbeit und zum Fleiße anzuhalten. — In dem Reſkripte wurde den Mitgliedern der Kommiſſion angedeutet, daß die erſte Berathſchlagung dahin gehen ſollte, wie am füglichſten die Konſkription der Armen zu veranſtalten ſey. Bey der Konſkription ſolle unterſucht werden, ob die ſich meldende Armen ganz Arbeitsunfähig, oder nur zum Theil Arbeitsunfähig wären; denn auch, ob ſie das Betteln nur aus Hang zur Trägheit zum Gewerbe für ſich gemacht hätten. In Hinſicht auf dieſes geſchahe zugleich bey der Konſkription der Armen die Klaſſifikation. Sobald dieſes Geſchäft geendiget war, ſuchte man zu beſtimmen, wie viel ein Armer täglich oder jährlich zu ſeiner nothbürftigen Unterhaltung bedürfe, um hiernach das Quantum für jeden feſtzuſetzen. Die Pfarrer, Bürgermeiſter, Richter, und Gaſſenhauptleute mußten die Armen ihres Viertels vorführen und ihnen die nothwendigen Zeugniſſe bey der verſammelten Kommiſſion ertheilen. Es meldeten ſich bey 1500 Arme; da mehrere von dieſen verheurathet ſind, und Kinder haben, ſo beläuft ſich die Summe aller hieſigen Armen auf mehr dann 2000. Die Anzahl

zahl der wirklich Bedürftigen aber, und deren, die sich des Almosens zu erfreuen haben, beläuft sich dermalen auf 14 — bis 1500.

Bey der Eintheilung der Armen wurden drey Klassen angenommen.

I. Klasse.
Ganz Arbeitsunfähige.

Ganz Arbeitsunfähige sind, die Alters, körperlichen, und Geistesschwäche halber zur Arbeit ganz unfähig sind.

II. Klasse.
Zum Theil Arbeitsfähige.

Unter dieser Klasse werden diejenigen verstanden, die noch Kräfte zur Arbeit haben, aber doch nicht im Stande sind, so viel sich zu erwerben, als sie nothdürftig brauchen.

III. Klasse.
Geschämige Arme.

Sind vornehmere Personen welche durch Unglücksfälle um ihr Vermögen gekommen sind, besonders aber arme Wittfrauen der Räthe, Offiziers, und Beamten *).

B 3 Nebst

---

*) Die geschämigen Armen sind nicht wie die übrigen Armen gehalten, sich bey der versammelten Kommission zu melden. Sie können einem Mitgliede derselben ihren Nothstand offenbaren.

Nebſt dieſen drey Klaſſen wurden auch die Namen derjenigen aufgezeichnet, die ſich als Arme gemeldet, aber als ganz Arbeitsfähig befunden, und daher abgewieſen wurden. Die Anzahl der Abgewieſenen belauft ſich auf mehr als 1000. Es wurde ihnen geſagt, daß ſie nur alsdann einen Anſpruch auf die Unterſtützung der Armenkommiſſion hätten, wenn ſie krank werden ſollten. In dieſem Falle tretten ſie in die Klaſſe der ganz Arbeitsunfähigen Armen; es wird bey ihnen vorausgeſetzt, daß ſie ſich bey ihrem Gewerbe nichts haben erſparen können. ——— Nebſt dieſen Armen, womit die Kommiſſion ſich beſchäftigte, nahm ſie auch Rückſicht auf durchreiſende Handwerksgeſellen, und hieſige Hand=werksmeiſter, denen, wenn ihnen damit aufzuhelfen, ein baarer Vorſchuß gemacht wird.

Nachdem die Kommiſſion das Geſchäft der Kon=ſkription und Klaſſifikation beendiget hatte, ſo beſchäftigte ſie ſich damit, zu beſtimmen, wie viel zur Lebensunterhaltung und zu anderen Bedürfniſſen eines Armen erforderlich wäre.

Der Anſatz, nach dem dieſes berechnet wurde, iſt folgender:

Ein Armer braucht, oder kann nothdürftig damit in hieſiger Stadt auskommen:

Für

		Fl.	Kr.
Für Koſt —	—	15	—
Für Brod —	—	6	—
Für Kleidung —	—	3	—
Für Licht —	—	—	48
Für Holz —	—	6	—
Für Hauszinns	—	6	—

In Summa 36 fl. — 48 kr.

(Ich muß hier für meine auswärtigen Leſer erinnern, daß das fränkiſche Geld fünf und zwanzig auf das Hundert mehr beträgt, als das rheiniſche, und daß im ganzen Aufſatze vom fränkiſchen Gelde die Rede iſt). Nach dieſer Berechnung wurde alſo feſtgeſetzt, und von Sr. Hochfürſtlichen Gnaden begnehmiget.

Erſte Klaſſe.
Für Arbeitsunfähige.

36 fl. für einen Erwachſenen, der Alters, körperlicher oder Geiſtesſchwäche halber zur Arbeit ganz unfähig iſt.

41 fl. für eine ſolche Perſon, wenn ſie einer Warthe bedarf.

61 fl. für Mann und Weib zuſammen, wenn ſie keine Warth nöthig haben.

66 fl. für dieſelben, im Fall ſie der Warth bedürfen.

B 4

24 fl. für den Ehemann, im Fall das Weib ganz fähig zur Arbeit ist, und den ihr nöthigen Unterhalt sich dadurch gänzlich verschaffen kann.

24 fl. für das Weib, wenn der Mann arbeitsfähig ist.

8 fl. für ein Kind vom ersten bis ins siebente Jahr, welches entweder Aelternlos ist, oder von den Aeltern zu entfernen, für nöthig befunden wird.

10 fl. für ein solches Kind vom siebenten bis ins vierzehnte Jahr.

Zweyte Klasse.
Für Arbeitsfähige.

45 fl. für eine ledige Mannsperson, oder einen Wittwer ohne Kinder.

38 fl. für eine ledige Weibsperson, oder eine Wittwe ohne Kinder.

69 fl. für zwey Eheleute zusammen, wenn sie Kinderlos sind.

Haben Eheleute oder Wittwer Kinder, so werden obige Ansätze mit fünf fl. für jedes Kind, welches noch nicht sieben Jahr alt ist, vermehret.

Dritte Klasse.

Für geschämige Arme, ohne darauf zu sehen, ob sie arbeitsfähig sind, oder nicht.

72 fl. für die Wittwe eines verstorbenen wirklichen Raths, oder Staabsoffiziers, welche Kinderlos ist.   8 fl.

8 fl. für jedes Kind männlichen oder weiblichen Geschlechts einer solchen Wittwe vom ersten bis ins
siebente Jahr.

12 fl. für jedes Kind vom 7ten bis ins 12te Jahr.

52 fl. für die Wittwe eines Titularraths, Landgerichts-
Assessors, Beamtens, Sekretairs, Bürgermeist-
ers, Doktors Medizin, Regierungsadvokaten,
Offiziers, der nicht zum Staab gehört.

7 fl. für jedes Kind einer solchen Wittwe, wenn es weiblichen Geschlechtes ist, bis zum siebenten, und wenn
es männlichen Geschlechtes ist, bis zum zwölften
Jahre.

44 fl. für die Wittwe eines Registrators, Kanzelisten,
Virtuosen in der Musik, oder sonst berühmten Künst-
lers, vornehmeren Handelsmannes, Bürgers.

6 fl. für jedes Kind einer solchen Wittwe, wenn es weiblich, bis ins siebente, wenn es männlich ist, bis
ins zwölfte Jahr.

Die Almosengelder für die Stadtarmen werden theils
aus den milden Stiftungen genommen, theils aber von
dem gesammelten Almosen aus der Büchse, die von an-
gesehenen Bürgern, wöchentlich von Haus zu Haus ge-
tragen wird.

Zur bessern Uebersicht lasse ich über die Anzahl der
Armen der hiesigen Stadt, und über die Summen der
ausgespendeten Almosengelder folgende Tabelle vom Jahre
1787 bis 88 abdrucken.

Ta-

Tabelle.

Ueber die Anzahl der Armen, und über die Summe des ausgespendeten Almosens vom Jahre 1787 bis 88. —

Erste Klasse.

	Arme —		Almosen.—	
			Fl	Kr.
Ganz Arbeitsunfähige	155	—	4179	58—
Der ersten Klasse am nächsten. ———	69	—	1572	19—

Zweyte Klasse.

Zum Theil Arbeitsfähige.	Arme. —		Almosen.—	
			Fl.	Kr.
$\frac{2}{3}$ Beytrag. —	76	—	1533	41—
$\frac{1}{2}$ Beytrag. —	106	—	1806	21—
$\frac{1}{3}$ Beytrag. —	134	—	1677	20—
a. Nach Umständen der Bedürfnisse, und der Zeit z. B. im Winter, wo manche Handwerke nicht beständig getrieben werden können.	319	—	5040	55—

	Arme.	—	Almosen. —	
			Fl.	Kr.
b. Für verwaißte Kinder und Familien, welche unerzogene Kinder haben. ———	103	—	1192	40—
c. Geschämige Arme.	35	—	1541	44—
d. Arme Kinder im Kinderhause. —	30	—	731	20—
e. Für kranke Arme, für Arzneyen, Nahrung.	713	—	2230	54—
f. Für durchreisende Fremde. ———	114	—	14	9—
g. Für Lehr-Aufding und Freysprechgeld armer Knaben —	—	—	265	19—
h. Vorschußweise an unbemittelte Arbeiter.	—	—	117	—

Summe.

der — — des

Armen — Almosens.

1854 — — 21913.

Um den Armen theils den vorgeblichen Vorwand zu benehmen, als fänden sie keine Arbeit, um sich zu ernähren, theils aber auch den Einwohnern einen neuen

Zweig

Zweig des Gewerbes zu verschaffen, und sie von Jugend auf zum Fleiße, und zur Arbeit zu gewöhnen, beschloßen **Seine Hochfürstlichen Gnaden** eine Fabrique hier errichten zu lassen. Diese sollte zugleich auch dazu dienen, mehr Fleiß und Industrie unter den Dürftigen sowohl, als übrigen Einwohnern der Stadt zu verbreiten. Zu diesem Endzwecke wurde eine Spinnerey vorgeschlagen, und genehmiget. Den Herrn Geheimenrath, Reisemarschall Grafen von Rottenhan ernennten **Seine Hochfürstlichen Gnaden** zum Direktor dieser Fabrique. Den 27ten May 1787 wurde sie eröffnet. — Der Thätigkeit, dem rastlosten Eifer, und dem besonderen Esprit de Commerce des Herrn Grafen von Rottenhan verdanken wir's, daß diese Spinnerey in unglaublich kurzer Zeit nicht allein zu Stande gebracht wurde, sondern auch, daß sie solche Fortschritte machte, daß der Nußen, den sie verbreitete, hier bald allgemein sichtbar wurde. Kinder, die sonst müßig auf den Gassen herumliefen, und durch ein lästiges Betteln allen Einwohnern zur Last waren, sahe man ißt bey guter Witterung zum Vergnügen aller Vorübergehenden mit den Spinnrädern vor ihren Wohnungen sißen, und fleißig arbeiten. Nicht allein, daß sie dadurch zur Arbeit angehalten wurden, sondern sie verdienten sich auch täglich so viel, als sie zu ihren Bedürfnissen brauchten. Eine fleißige Arbeiterinn kann ihren Spinnverdienst täglich auf

sieben

sieben Kreuzer bringen. — Damit diese Spinnerey noch allgemeiner gemacht würde, befahlen Seine Hochfürstlichen Gnaden, daß Spinnsäle in dem dahiesigen Arbeitshause eröffnet würden. Kindern und Erwachsenen wird darinn das Wollenspinnen unentgeldlich gelehret. Es wurden auch Prämien unter den Kindern ausgetheilt, die sich durch Fleiß besonders auszeichneten. Die Anzahl der, in diesen Sälen vom Jahre 1787. bis 88 unterrichteten Personen beläuft sich auf 528. — Auf Befehl des Fürsten sind 1250 Räder, und Waiffen, 95 Kartätschen gemacht und vertheilt worden. *) Ueberhaupt aber wurden 985 Personen durch diese Fabrique in einem Jahre in Beschäftigung gesetzt. — In dieser Fabrique wird auch Schaafwolle in Bereitschaft gehalten, für die Tuchmacher, die weder Geld noch Kredit haben, sich selbst Wolle zu kaufen. Diesen Tuchmachern wird die Wolle um den billigsten Preis gegeben, und sie zahlen das Geld nicht eher zurück, bis sie die verarbeitete Waare abgesetzt haben.—
Nachdem diese Anstalten alle getroffen waren, und jedem Armen, der eines Almosens bedürftig gehalten wurde,

ein

---

*) Die Spinnräder mit doppelten Spuhlen, welche auf Anordnung Sr. Hochfürstlichen Gnaden in mehreren Gegenden Frankens eingeführt sind, hat der Herr Graf von Rottenhan zuerst in hiesiger Gegend und zwar nach einer verbesserten Art bekannt gemacht. —

ein Büchlein gegeben, worinn das ihm zugedachte Quant=
um sowohl als auch die Stelle, wo es wöchentlich zu
erheben, angezeigt war, wurde das Betteln auf den Straß=
en, und in den Häusern bey Zuchthausstrafe durch
lauten Trommelschlag verbothen. Nicht allein der Arme,
sondern auch der Ausspender ist der Ahndung und Strafe
unterworfen. — — Aerzte und Wundärzte wurden von
der Kommission angenommen, die armen Kranken zu
besorgen; den konskribirten Armen wurde bedeutet, im
Falle sie erkrankten, sich bey diesen aufgestellten Aerzten
zu melden. — Die Kranken werden in diesen Fällen
nicht allein unentgeldlich von den Aerzten besucht, sond=
ern sie erhalten auch die erforderliche Arzneyen, und so=
gar die Kost, umsonst. — Anfänglich versammelte
sich die Hochfürstliche Armenkommission fast täglich, nach=
dem aber die Konskription und Klassifikation geendigt
war, befahlen Seine Hochfürstlichen Gnaden,
daß sie wöchentlich nur zweymal sich versammeln sollte. —
Seine Hochfürstlichen Gnaden selbst wohnen,
wenn Sie sich in hiesiger Stadt befinden, fast allen
Sitzungen bey. Sie lesen alle Armenprotokolle selbst,
und nichts von Wichtigkeit darf bey der Kommission zur
Entschließung kommen, wenn es nicht vorher von Höchst=
demselben genehmiget worden ist. — Viele Grund=
sätze und Plane, die bey diesem Institute entworfen
und festgesetzt worden, kamen aus Ihrem eigenen Kopfe

und

und Feder. — Mit ununterbrochenem Eifer arbeiteten
Sie noch täglich an der Vervollkommnung dieses Instituts. Noch erst vor wenigen Tagen entwarfen Sie
einen Plan, und brachten ihn auch selbst zu Papier,
der Ihrem Herzen, und Ihrem Geiste gleich viel Ehre
macht. Dieser betrifft die Errichtung der Unterkommissionen. Seine Hochfürstlichen Gnaden sah-
en nämlich ein, (um mich Dero eigener Worte zu be-
dienen) daß es kaum möglich sey, daß eine einzige
Kommission von nicht mehr, als acht Personen, ohne
eine gewisse Art von Gehülfen, über so viele Arme bey
den bald ab bald zunehmenden Umständen derselben,
auch mancherley von arglistigen und verstellten Armen
gespielt werdenden Intriguen die Obsorge tragen, und die
erforderliche Aufmerksamkeit haben könne. —— Noch
andere Ursachen der Errichtung der Unterkommissionen,
sagen Seine Hochfürstlichen Gnaden in diesem
nämlichen Reskripte, sind, damit mehrere von dem
Publikum und vorzüglich von dem Bürgerstande Theil
an diesem wohlthätigen Geschäfte nehmen möchten, hie-
durch hoften Sie daß solches bey demselben mehr beliebt,
und die Grundsätze eines ächten und gemeinnützigen Armeninstituts, als welche sich dahin eigentlich konzentriren,
wenn Wohlthätigkeit für wahrhaft Bedürftige, mit der
Absicht, der Industrie einen neuen Schwung zu geben,
vergesellschaftet wird, — mehr anerkennet, und verbreitet

breitet werden möchten. Dem Müßiggange der Armen
also mehr zu steuern, ihre mehrentheils unrichtige Wirth=
schaft kennen zu lernen, und zu belauschen, vorzüglich dem
Verarmen auf alle Weise zu begegnen, und zugleich die
Bürgerschaft mit dem Geiste der Armenanstalten selbst
besser bekannt zu machen, ist die Ursache der Errichtung
der Unterkommission. Seine Hochfürstlichen
Gnaden haben festgesetzt, daß sieben dergleichen Un=
terkommissionen in hiesiger Stadt seyn sollen, und daß
jede aus sieben Mitgliedern bestehe. — Die Personen dies=
er Unterkommission sind 1) ein Mitglied der Haupt=
kommission. 2) Der Pfarrer, oder einer seiner Kap=
läne. 3) Ein vornehmerer, der in dem nahen Bezirke
wohnet. 4) Zwey Gassenhauptleute. 5) Zwey ehr=
bare Bürger. — Sie versammlen sich wöchentlich einmal
im Pfarrhause. — Bey der ersten Sitzung vertheilete
eine jede Unterkommission unter ihren Mitgliedern den
ihr angewiesenen Distrikt. Hierbey wurde vorzüglich dar=
auf Rücksicht genommen, daß jedem Mitgliede der Be=
zirk angewiesen wurde, der seiner Wohnung am nächst=
en liegt. Jedes Mitglied mußte die Armen, die in
seinem Bezirke wohnen, neuerdings konskribiren. — Ueb=
erhaupt aber sind die sämmtlichen Mitglieder angewiesen,
zu untersuchen ob die Armen ihres Bezirkes mehr oder
weniger Unterstützung verdienen. Sie müssen begutacht=
en, wenn sich neue Arme bey der Oberarmenkommission

meld=

melden; sie haben die Aufsicht über das sittliche Betragen der Armen, und über die Erziehung ihrer Kinder; sie haben zu beobachten, ob in ihrem Distrikte nicht Haushaltungen sind, von welchen vorzusehen ist, daß sie aus ihrer eigenen Schuld, wenn ihnen nicht vorgebogen wird, ehestens verderben werden. Zugleich müssen sie auch ihre Meinung und Gutachten ertheilen, wie diesem abzuhelfen ist. Ferner haben sie darauf zu sehen, ob in ihrem Bezirke gebettelt wird; aus dieser Ursache sind ihnen auch die Polizeydiener untergeordnet worden. Im Falle es nothwendig ist, müssen sie den Stand der angegebenen Armuth in den Wohnungen der Armen selbst in Augenschein nehmen, und untersuchen. — — Bey der wöchentlichen Versammlung dieser Unterkommissionen führt jedesmal das Mitglied der Hauptkommission das Protokoll. Die gemachten Bemerkungen, Vorschläge, und Verbesserungen eines jeden Mitglieds werden in dieses Protokoll eingetragen. Bey zweifelhaften Fällen werden die Stimmen gesammelt, und die Mehrheit entscheidet, und wird gleichfalls in das Protokoll eingetragen. Die Hauptkommission hat über die Gutachten der Unterkommissionen zu entscheiden, so wie **Seine Hochfürstlichen Gnaden** die Entscheidung hierüber sich vorbehalten haben. Den Mitgliedern der Unterkommissionen das Geschäft, so viel als möglich, zu erleichtern, haben **Seine Hochfürstlichen Gnaden** eine

C   Tab-

Tabelle entwerfen laſſen, wovon jedem Mitgliede mehrere Exemplarien mitgetheilet worden ſind. Ich laſſe ſie zur beſſern Ueberſicht des Ganzen hier mit abdrucken, und beſchließe hiemit dieſe Beylage, welche gegen mein Verhoffen weitläufiger geworden, als ich ſelbſt geglaubt habe.

— — Die Weitläufigkeit dieſes Aufſatzes iſt auch Schuld, daß ich die getroffene Armenanſtalten auf dem Lande nicht beſchreibe. Mit Stillſchweigen übergehe ich daher auch, die von unſerm **gnädigſten Fürſten** den Beamten zur Beantwortung aufgegebenen Preisfragen, über das Armenweſen. Die gekrönten Beantwortungen dieſer Preisfragen werden nächſtens im Drucke erſcheinen.

Sollte einem auswärtigen Freunde der Armen, und der Armenanſtalten in dieſer Beylage etwas nicht klar und deutlich genug ſeyn, ſo erbiethe ich mich, jedem mit Vergnügen weitere Aufklärung zu ertheilen. — Daß ich mich im Stande ſehe, hierüber weitere Aufſchlüſſe zu geben, verdanke ich vorzüglich unſerem würdigen und vortrefflichen Herrn Oberkuſtos und Geheimenrath Freyherrn von Hutten. Er hatte die Gnade und zuvorkommende Güte, mir die nöthigen Papiere mitzutheilen, wodurch ich mich in Stand geſetzt ſahe, dieſer Beylage eine Art von Vollſtändigkeit, oder doch wenigſtens Ausführlichkeit zu geben. Ihm ſelbſt verdanket die Hochfürſtliche Armenkommiſſion mehrere Aufſätze, und Plane, die den Beyfall unſers **gnädigſten Fürſten,** des Vaters der Armen, erhalten haben.

Tabelle

Tabelle;
für die Mitglieder der Unterkommissionen.

Num. des Hauses.

Namen der Armen

Stand. — — Alter.

Kinder.

Männlich. — — Weiblich.

Alter.

Anwesend bey den Aeltern. — Abwesend von den Aeltern.

Aelternlos. — — Geburtsort.

Wie lang der hiesige Aufenthalt.

Gewerb.

Voriges. — — Gegenwärtiges.

Verdienst davon.

Vermögen. — — Schulden.

Ursache der Armuth.

Gesundheits Umstände.

Beziehen schon an Almosen.

An Geld, an Brod oder Getreid, an einem Holzzettel.

Ansuchen zur Aufhülfe.

Aufführung.

Anmerkung der Unterkommissionen.

Schlüße der Armeninstituts-Kommission.

Unmittelbare höchste Entschließung.

* Diese Tabelle ist auf einen großen Realbogen bey der Armenkommission eingeführt.

Beylage.
Nro. II.

Aufhebung des Lotto.

Unter den Fürsten Deutschlands war unser erhabener Fürst Einer der Ersten, der in seinen Landen die Zahlenlotterien aufgehoben und verbothen hat. Seinem Beyspiele folgten bald mehrere wohlthätige Fürsten des Reichs, vorzüglich die Fürsten und Stände des Fränkischen Kreises. Gleich nach Aufhebung des Wirzburgischen Lotto, und der Bekanntmachung eines sehr geschärften Edikts hier in Bamberg im Jahre 1786, worin unser **gnädigster Fürst** die weisesten Maaßregeln getroffen, das schädliche Lottospielen bey uns auszurotten; trugen Seine Durchlaucht der Herr Markgraf von Anspach darauf an, daß ein Kreisschluß gegen das Lotto gefaßt werden möchte. Den achtzehnten Dezember 1787 erschien wirklich ein eben so weises, als denkwürdiges Kreispatent, worin alle Kollekten und Zahlenlotterien des sogenannten Lotto di Genua in den sämmtlichen Fränkischen Kreislanden gänzlich eingestellt und untersagt wurden. — Wie groß die Wohlthat ist, welche dem Fränkischen Kreise und seinen Einwohnern durch die Aufhebung und Ausrottung des Lottospiels zugewachsen, wird

C 2   man

man aus dem Schaden und Verluſt bemeſſen können, den
Bamberg allein durch die Zahlenlotterien erlitten hat.——

Während dem das Lottoſpiel in hieſiger Stadt und
Lande erlaubt war dieß dauerte zwanzig Jahre ohnunter-
brochen fort, waren fünfzehn Kollekteurs hier, die Einſätze
in mehrern hier gedulbeten Zahlenlotterien annahmen. Ich
gab mir die Mühe, bey den mehreſten vormaligen hieſigen Kollekteurs nach allem genau mich zu erkundigen,
und ihre zum Theile noch in Handen habende Rechnung-
en und Bücher, die ſie über das Lotto geführt, einzu-
ſehen. —— Nach den Ausſagen dieſer Kollekteurs, und
nach allem, was ich ſelbſt ſahe, kann man mit Gewißheit annehmen, daß bey jedem Kollekteur nach Verlauf
der dritten Woche der geringſte Einſatz zwey hundert
Gulden war. Der Betrag des Einſatzes bey allen fünfzehn hieſigen Kollekteurs nach drey Wochen machte alſo
drey tauſend Gulden; in einem Jahre wurden demnach zwey
und fünfzig tauſend —— und nach zwanzig Jahren eine Million fünfmal hundert und vierzigtauſendGulden eingeſetzt.——
Eben dieſe Rechnungen und die mündliche Verſicherung
der hieſigen vormaligen Kollekteurs laſſen es keinen Augenblick im Zweifel, daß im Durchſchnitt wenigſtens die
Hälfte des Einſatzes hier verloren gegangen iſt. ——
Nimmt man aber auch nur an, daß die Spielenden
vierzig auf das Hundert Verluſt hatten, welches niemanden
zu viel vorkommen wird, der die Verfaſſung der Zah-

len-

lenlotterien kennt, und weiß, was Herr Geheimerju-
ſtizrath Pütter in Göttingen und noch andere große
Männer darüber geſchrieben haben; ſo iſt klar, daß
Bamberg allein eine halbe Million Gulden an mehreren
ehemals hier geduldeten Zahlenlotterien verloren hat.

Nicht allein aber, wie Herr Profeſſor Hufnagel in
ſeiner beliebten Monathſchrift für Chriſtenthum-Auf-
klärung und Menſchenwohl vortrefflich gezeigt hat, daß
das verderbliche Lottoſpiel die Spielenden um ihre Glücks-
güter bringt, ſondern was noch ſchlimmer iſt, es ver-
dirbt auch den Volkscharacter.

Den Gräuel der Verwüſtung, den das Lottoſpiel in
Europa angerichtet, ſchilderte vormals ein Dichter mit
folgenden Worten:

> Das Schickſal gab die Peſt dem Orient,
>   Parteyiſch war es nie;
> Es gab dafür dem Occident
>   Die Zahlenlotterie.

Bey-

...

Beylage.
Nro. III.

Schulverbesserung.

Die Sorge für alles, was das Wohl der Unterthanen befördert, ist bey unserem **gnädigsten Fürsten** zu ungetheilt, als daß man sagen könnte, Er ziehe ohne gegründete Ursache eine der andern vor, sonst würde ich die Aeußerung wagen, daß Erziehungsanstalten und Schulverbesserungen Seine Lieblingsbeschäftigungen sind. Bey dem Antritte Seiner Regierung äußerte Er schon, daß Er den Grundsatz hege, daß an guter Erziehung der Jugend alles gelegen sey, das Wohl des Menschen, der bürgerlichen Gesellschaft, und des ganzen Staates; daß ohne richtige und gute Erziehung, Armenanstalten, Gesetzgebung, Polizeyverordnungen, und was sonst zum Wohl des Staates abzwecke, ohne bleibenden Nutzen, und fast ganz fruchtlos seyn werde. Daß Er diesen gefaßten Grundsatz nicht einen Augenblick aus dem Gesichtspunkte verloren, hievon sind Seine vortrefflichen Schulverbesserungen in seinen beyden Landen die redendsten Beweise. Die Prüfung der Schuljugend und der Schullehrer war eine Seiner vorzüglichsten Beschäftigungen bey Gelegenheit der Visitationen.

Da

Da die Beschreibungen dieser Schulvisitationen nicht
zu meinem Plane gehören, so schränke ich mich ein, nur
einige Worte von den Schulverbesserungen zu sagen, die
Er in hiesiger Stadt vorgenommen hat.

Die öffentlichen Erziehungsanstalten für die weibliche
Jugend waren vormals hier fast gänzlich vernachläßiget
worden. Aeltern, die die Mädchen in öffentliche Schul-
en schickten, mußten sich gefallen laßen, sie in die
Schulen zu schicken, wo zugleich die männliche Jugend
unterrichtet wurde. Der einzige Ort, wo die weibliche
Jugend hier öffentlichen Unterricht fand, war das Eng-
lische Institut.

Außerdem, daß der Raum für die Menge der
Kinder, die sich hier einfanden, viel zu eng war, ist
dieses Haus auch von dem obern Theile der Stadt viel
zu weit entfernt; vorzüglich aber war die dort eingeführ-
te Lehrart, dem Geiste des jetzigen Zeitalters gar
nicht anpassend. Die erste Sorge Sr. **Hochfürstlichen Gnaden** ging dahin, diesem Hause einen
größern und weitern Umfang zu geben, damit mehrere
Kinder bequem da aufgenommen werden könnten. Sie
ließen daher im Jahre 1782 unter der Direktion unseres vortrefflichen Herrn Obermarschalls von Stauffenberg der Kirche des Englischen Hauses einen neuen Flügel anbauen. Zur Aufführung dieses Baues gaben Sie
dritthalbtausend Gulden aus Ihrer Privatkasse. Dem

geſchickten Baumeiſter Herrn Werkmeiſter Fink wurbe anempfohlen, darauf Bedacht zu nehmen, daß die Zimmer hoch und geräumig genug gemacht würden, damit bey der Menge der ſich hier zu verſammelnden Jugend die Luſt geſund und rein erhalten werde. Dieſer neue Flügel, der vollkommen nach dem Plane und den Wünſchen unſeres **gnädigſten Fürſten** von dem Herrn Direktor und Baumeiſter erbauet worden, enthält unter andern vier große Zimmer, worin die Schulen jetzt gehalten werden. Ein jedes dieſer Zimmer kann bequem zwey hundert Kinder faſſen. Die Anzahl der weiblichen Jugend, die jetzt wirklich hier unterrichtet wird, beläuft ſich auf ſechs hundert.

Während dem dieſer Bau aufgeführt wurde, unterrichtete unſer geſchickter und fleißiger Schulſeminariums-Direktor Herr Gerner die Schullehrerinnen dieſes Hauſes, deren Anzahl vormals zwey waren, jetzt aber auf vier vermehrt worden ſind.

Herr Gerner gab ihnen einen ſyſtematiſchen Begriff aller deutſchen Schulwiſſenſchaften, oder er lehrte ihnen die ſogenannte Normallehre. Die Lehrmeiſterinnen ſind gehalten, nach dieſer Lehre die Schuljugend zu unterrichten. Herr Gerner wohnte anfänglich faſt täglich dem Unterrichte der neuen Lehrerinnen bey, und wechſelt jetzt mit andern Geiſtlichen des hieſigen Seminariums ab, denen die Aufſicht über dieſe Schulen anvertrauet iſt,

woch-

wochentlich diese Schulen zu besuchen. Deutsche Sprache, Rechtschreibekunst, Rechenkunst, Katechismus, Biblische Geschichte, Deklamation und Handarbeiten sind der Gegenstand des Unterrichts in diesen Schulen. –

Zugleich mit den vier Lehrerinnen im Englischen Hause haben **Seine Hochfürstlichen Gnaden** noch vier andere und zwar weltliche Frauenzimmer als Lehrmeisterinnen, vom Herrn Gerner unterrichten lassen. Diesen wurde der Theil der Stadt angewiesen, der von der Wohnung des Englischen Hauses am weitesten entfernt ist. Zwey davon halten ihre Schulen in der obern (Kaulberg), und zwey in der untern Stadt (Sand). Die Anzahl der weiblichen Jugend, die bey ihnen gewöhnlich Unterricht suchen, beläuft sich auf fünf hundert.

Den Hauszinns für diese Schulen, die Salarien für die Lehrerinnen zahlen **Seine Hochfürstlichen Gnaden** bis jetzt noch aus ihrer Privatkasse. Der Unterricht sowohl hier als auch bey den Englischen ist ganz unentgeldlich.

Die Prämien, welche jährlich zweymal unter der Schuljugend vertheilt werden, werden von **Sr. Hochfürstlichen Gnaden** selbst bezahlt. Unser gnädigster Fürst unternahm in eigener hoher Person im Jahre 1784 die erste öffentliche Prüfung der Schuljug-

C 5.

end

enb in biefen acht neu errichteten Schulen. Diefe Prüfungen wurden in diefem Jahre wiederholt in Gegenwart
Sr. Durchlaucht des Herrn Herzogs von Würten-
berg. Bey diefer Gelegenheit belohnten Seine Hochfürftlichen Gnaden den befondern Fleiß der aufge-
ftellten Lehrerinnen.

Im Jahre 1785 unterftüßte unfer gnädigfte
Fürft mit mildeften Beyträgen die in dem Normal-
unterrichte begriffene Kantoren, und künftige Schullehrer
durch Anfchaffung neuer Bücher und übrigen Schulma-
terialien.

Jeßt ftehet Er im Begriffe, durch Einführung der
Induftriefchulen, durch Errichtung und Eröffnung eines
Erziehungshaufes, alle diefe rühmliche Anftalten der
Schulverbefferungen zu fichern, zu befeftigen, und zu
krönen.

Bey-

Beylage.
Nro. IV.

Ackerbau, Viehzucht, Kunstfleiß, Wissenschaften.

Mehrere Verordnungen, und Einrichtungen unseres wohlthätigen **Fürsten** beweisen, daß Er ein großer Beförderer des Ackerbaues, der Viehzucht, des Kunstfleißes, und der Wissenschaften ist.

Seine Anstalten, Ackerbau und Viehzucht emporzubringen, dienen zugleich als Beweise Seiner Gerechtigkeitsliebe, und Seiner mehr als väterlichen Sorgfalt, den Wohlstand des Landmannes zu befördern.

Gleich nach dem Antritte Seiner glücklichen Regierung suchte Er einige Hindernisse zu entfernen, die der Viehzucht und daher auch dem Ackerbau bisher im Wege gestanden. — Die Schmalzabgaben und die Ablieferungen der Füllen an das Oberstallmeisteramt waren Hindernisse die der Viehzucht in hiesigen Landen, welche einer unserer vorzüglichsten Handlungszweige ist, im Wege standen. — In vorigen Zeiten war nämlich eine Verordnung ergangen, wodurch die Bauern gehalten waren, von jeder Kuh jährlich zwey Maaße Schmalz abzugeben, und zwar um ein Drittheil wohlfeiler, als es gewöhnlich auf dem Markte verkauft wird. Dieses

Schmalz

Schmalz mußte von den Aemtern in die Hauptstadt geliefert werden.   Hier wurde es zentnerweis an die hohe
Geistlichkeit und die Vornehmere der Stadt um einen geringen Preis abgegeben, so wie es auch maaßweis an
die übrigen Einwohner der Stadt verkauft wurde.   So
vortheilhaft diese Schmalzlieferungen dem Städter waren, so lästig fiel sie aber dem Landmanne, der öfter
sich in die Nothwendigkeit versetzt sah, das Schmalz von
seinen Nachbarn um baares Geld zu kaufen, weil er
nicht so viel entübrigen konnte, als seine Abgabe aus-
machte.   Diese Abgabe wurde für den Landmann um
desto drückender, weil die Lieferungen in gewisse Zeiten
vertheilet waren, wo oft der Wohlhabenste die festgesetz-
te Summe nicht aufbringen konnte, sondern sie um einen sehr erhöhten Preis von den Aufkäufern wieder er-
kaufen mußte.   Um von dieser Schmalzabgabe befreyt
zu seyn, schafften in einigen Gegenden des Landes sogar die Bauern die Kühe ab.   Wie nachtheilig dieses
für die Viehzucht seyn mußte, kann man von selbst
leicht ermessen.

Die Landleute wiederholten bey diesem so einsichts-
vollen und menschenfreundlichen Fürsten ihr in vorigen
Zeiten schon öfter gethane Bitte, ihnen diese lästige
Schmalzlieferung nachzulassen.

                                          Der

Der Nachtheil, den diese Lieferung offenbar der Viehzucht verursachte, so wie auch die Unbilligkeit, die in der Sache selbst zu liegen schien, veranlaßte unsern **gnädigsten Fürsten** bey Seiner Regierung zwey geschickte und gelehrte Referenten aufzustellen, die Vorstellungen und Klagen der Landleute, so wie auch die Forderungen der Städter zu untersuchen.

Kaum hatten die Referenten ihre Gutachten mit den Gründen für und wider diese Sachen dem **Fürsten** überreicht, so erging auch schon der Befehl, daß die Schmalzlieferungen gänzlich aufhören sollten.

Die Vortheile, die dem Landmanne durch Aufhebung der Schmalzabgabe zugewachsen, sind groß und sehr wichtig. Das Maaß Schmalz, das er vormals gezwungen um zwanzig Kreuzer abgeben mußte, verkauft er jetzt freywillig für dreyßig und mehrere Kreuzer.

So nachtheilig für die Hornviehzucht die Schmalzlieferungen waren; nicht minder nachtheilig war für die Pferdezucht eine Verordnung vom Jahre 1749, wodurch dem Landmanne die Verbindlichkeit aufgelegt war, ihre gezogenen junge Füllen dem Oberstallmeisteramte um einen geringen Preis verabfolgen zu lassen.

Der geringe Preis, den sich der Landmann für sein gezogenes Füllen zu versprechen hatte, als auch die Ungewißheit, ob er es behalten würde, machten, daß

in

in mehreren Gegenden die Pferdezucht vernachläßiget wurde.

Auch diese Verordnung hoben **Seine Hochfürstlichen Gnaden** im Jahre 1787 mit der Einschränkung auf, daß das Oberstallmeisteramt zwar das Recht behalten sollte, die Füllen auf dem Lande auszusuchen; der Preis dafür aber sollte von dem Besitzer bestimmt werden. Der Vortheil, den die Landleute davon haben, ist, daß sie jetzt dreyßig Thaler für das Füllen bekommen, welches sie vormals für zehn Thaler hergeben mußten.

Zu gleicher Zeit bestrebte sich unser **gnädigster Fürst** durch Errichtung einer Schweitzerey die Viehzucht im Lande zu verbessern, Stallfütterung und Kleebau einzuführen. Gegen jene war der Landmann noch mit Vorurtheilen eingenommen. Diese Schweitzerey wurde im Jahre 1781 nahe bey dem Seehof errichtet. Die dazu erforderlichen Gebäude wurden unter der Aufsicht unseres vortrefflichen und allgemein beliebten Herrn Obermarschalls und Ritterhauptmanns Freyherrn von Stauffenberg aufgeführt. In einem Reskript, welches unser **gnädigster Fürst** bey Errichtung der Schweitzerey an die Hofkammer ergehen ließ, erklärte Er ausdrücklich, daß die Absicht bey Errichtung dieser Schweitzerey nicht dahin ginge, Privatvortheile für die Kammer daraus zu ziehen, sondern bloß allein, damit der Landmann

mann angefeuert würde, den Kleebau und die Stallfütterung einzuführen, dann auch um den Viehstand selbst
zu verbessern, und zu verschönern. Auch die Vererbungen der Schäfereyen bestrebten' sich Seine Hochfürstlichen Gnaden bey uns, so wie im Wirzburgischen
einzuführen. Bishero aber konnten die Hindernisse,
diese Vererbungen hier allgemein zu machen, nicht vollkommen gehoben werden. —

Kunstfleiß.

Auch Kunstfleiß schützt unser bester Fürst
nicht nur allein, sondern unterstützt ihn auch auf
alle Art und Weise. Ein jeder junger Mann von Geist
und Genie oder ausgezeichneten Talenten in unserm Vaterlande wird von unserm erhabenen Fürsten aufgesucht, und wenn er Unterstützung bedarf, sich noch mehr
auszubilden, auf das kräftigste unterstützt. So ließ
Er noch jüngst auf Unkosten des Aerariums unsern geschickten und fleißigen Mahler Dorn, der in dem Geschmacke des Gerard Dau, van der Werft, und Myris
schon vortreffliche Stücke geliefert hat, die Gallerien zu
Mannheim und Düsseldorf besuchen. Eben so schickte Er
einen jungen Menschen von vortrefflichen Anlagen nach
Stuttgard und Wien, um ihn als Kupferstecher ausbilden
zu lassen. Auch unsern fleißigen Zeichner Herrn Lieutenant
Westen ließ der gnädigste Fürst auf Unkosten der

D   Kam-

Kammer nach Holland und Wien reisen, um seine Kenntnisse im Wasser-und Brückenbau zu erweitern. ——

Wissenschaften.

Nicht weniger ausgezeichnet ist die unermüdete Sorgfalt unsers thätigen Landesfürsten, die Aufnahme der Wissenschaften in Seinen Landen zu bewirken. Bey seinen vorgenommenen Verbesserungen im wissenschaftlichen Fache scheint Er von dem Grundsatze ausgegangen zu seyn, daß, wenn diese dauerhaft seyn sollten, man bey der untersten Stufe anfangen müsse. Daher waren Verbesserungen der Normalschulen der erste Gegenstand, der Seine Aufmerksamkeit auf sich zog, und die passendsten Einrichtungen erhielte. Er machte es, wie ein weiser Baumeister, der sich keine Mühe gereuen läßt, ein festes Fundament zu legen, wenn er anders ein dauerhaftes Gebäude aufzuführen sich zum Ziele gesetzt hat. Für jegliches Fach der Wissenschaften sucht dieser Menschenkenner gute Köpfe auf, läßt sie meistens auf eigene oder des Aerariums Unkosten in's Ausland reisen, und in dem ihnen angewiesenen Fache bestmöglichst ausbilden.

So gab Er gleich bey dem Antritte Seiner Regierung zweyen jungen, hoffnungsvollen Leuten Stenglein und Steinlein den Wink, sich in den Kameralwissenschaften auf der damahls berühmten Schule in Kayserslau-

lautern zu befähigen, und jene Kenntniſſe einzuernten, die einſt dem Vaterlande reiche Früchte bringen ſollten.

Mit gleichem genau wiegenden Blicke ſuchte Er aus dem Zirkel der ſtudierenden Jugend einen jungen Menſchen von Talenten auf, den Er zum Lehrer der Rechtsgelehrtheit auf ſeiner hohen Schule in der Folge anſtellen könnte.

Er wählte mit glücklichem Erfolge unſern nunmeh-tigen gelehrten Herrn Hofrath und Profeſſor des deutſchen Staatrechts Melchior Pfiſter. Er ließ ihn nach Göt-tingen auf Koſten des Staates reiſen, und ſchickte ihn hierauf nach Wetzlar, um ſich auch in der Reichsge-richtlichen Praxis mehr auszubilden, wozu Er ihm durch die nachdrücklichſten Empfehlungen bey den wich-tigſten Männern am Kammergerichte alle Bahn machte.

Auch Vieharzneywiſſenſchaft, Anatomie und Schei-dekunde entgingen Seiner Aufmerkſamkeit nicht. Für er-ſtere beſtimmte Er einen ſehr fähigen jungen Mann, der ſich unter des berühmten Wollenſteins Anleitung in Wien als Vieharzt vollkommen und vortrefflich ausgebildet hat. Eben dieſen jungen Mann, ſchickte unſer **gnädigſter Fürſt** erſt jüngſt nach Wirzburg zum großen Siebold, ſeine anatomiſche Kenntniſſe dort zu erweitern und zu verfeinern; damit er als Lehrer der Vieharzneywiſſen-ſchaft und der Anatomie auf der hieſigen hohen Schu-le angeſtellt werden könne. Zu gleicher Zeit erhielte

auch

auch ein eben so fähiger junger Mann die Weisung unter der Anführung des berühmten Lehrers der Scheide-
kunde Herrn Pikels sich in dieser so nützlichen Wissenschaft zu
befähigen. Auch die **Bergbaukunde**, eine der erheb-
lichsten Zweige der Staatswirthschaft, die hier vormals
wo nicht ganz vernachläßiget, doch wenigstens nicht wis-
senschaftlich genug behandelt worden, verdankt unserm
erhabenen **Fürsten** ihr Aufblühen. Er berief vor
mehreren Jahren schon aus dem sächsischen Erzgebirge
einen sehr geschickten und sachkundigen Mann unsern jetzigen Bergmeister Herrn Illich. — Welchen neuen
Schwung seitdem das Bergwesen in unsern Gegenden,
hauptsächlich unter der Anleitung unsers würdigen
Berghauptmanns Herrn Grafen von Rottenhan bekommen, ist eine entschiedene Sache.

Noch fehlte es unserer hohen Schule bisher an
einer öffentlichen Bibliothek. Unser thätiger **Fürst**
überzeugt von der Nothwendigkeit und den Vortheilen
einer wohleingerichteten Büchersammlung, traf jüngst
die herrlichste Anstalten, um auch dadurch Seine hiesige hohe Schule zu verschönern.

Zwey majestätisch große Säle und bequeme Lese-
zimmer werden unter der Aufsicht unsers würdigen
Herrn Obermarschalls Freyherrn von Stauffenberg, in
dem hiesigen Universitätsgebäude dazu eingerichtet, wo-

zu mehrere tauſend Gulden ſchon angewieſen ſind. Unſer beſter **Fürſt** hat Seine eigene Hofbibliothek die
aus drey tauſend Bänden beſtehet, zu dieſer neu zu er-
richtenden Bücherſammlung hergegeben. Nebſt dem hat
Er jährlich tauſend Gulden zur Anſchaffung neuer brauch-
barer Bücher ausgeworfen.

Aeußerſt merkwürdig iſt das hierüber an Seine
Kammer abgelaſſene Reſkript, worauf das Publikum
bereits in einer öffentlichen periodiſchen Schrift aufmerk-
ſam gemacht worden iſt.

Bey-

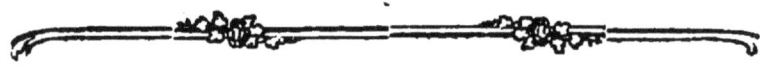

Beylage.
Nro. V.

Gesetzgebung.

Hier öffnet sich ein weites Feld, die Fürstentugenden unsers weisen **Regenten** in ein helleres Licht zu setzen. **Franz Ludwig** ist groß als Beförderer der Wissenschaften, aber noch größer als unser Gesetzgeber. — Mit Recht zieht die späte Nachwelt die alten Monarchen Roms aus ihrer Asche hervor, und entreißt sie der Vergänglichkeit, weil sie, als Gesetzgeber ihrer Staaten, sich verewigten. — Eben so gewiß wird kein Zeitalter in den Jahrbüchern Bambergs folgen, das Vergessenheit über die vortrefflichen Muster von Vorschriften und Gesetze verbreiten könnte, wodurch unser erhabener **Fürst** Seine Regierungsjahre ausgezeichnet hat.

Ich übergehe hier aus Liebe zur Kürze jene schöne Anstalten, die Er bereits durch so vielfältige Maaßregeln über Polizeygegenstände getroffen hat, und schränke mich bloß auf seine Entwürfe ein, die bishero so schwankende Criminal-Gesetzgebung in ihr richtiges Geleiß ein-

zu-

zulenken — jene Gesetzgebung, die über Leben und
Tod, über Freyheit und Kerker unsers Mitmenschen
spricht. — Wenn Bischof Georg von Bamberg der
erste unter seinen Mitständen war, der zu Anfange des
sechszehnten Jahrhunderts nach dem Entwurf seines geheimenraths Hans von Schwarzenberg, die erste peinliche Gerichtsverordnung in ihrer Art, öffentlich bekannt
machte, und, hierdurch eine allgemeine deutsche Halsgerichtsordnung, unter Karl V. veranlaßte, so will
auch **Franz Ludwig**, nachdem einmahl jene peinliche
Gesetze gänzlich veraltet und unbrauchbar geworden, seinen zeitgenossenen Reichsständen in der Entwerfung einer neuen, mehr nach dem Geiste unseres Zeitalters
passende peinliche Gesetzgebung, unter dem Beyrathe
Seines würdigen und aufgeklärten Geheimenraths Pabst-
mann und Hofraths Pflaum, ein eben so anziehendes
Beyspiel geben. — Um das Publikum mit dem wichtigen Ideengang unsers weisen **Fürsten** bekannt zu
machen darf ich nur den Eingang des Reskripts,
daß Er an Seine Regierung in dieser Sache den fünften
August 1787 hat ergehen lassen, hier einrücken.

„Von Gottes Gnaden Franz Ludwig,
„Bischof zu Bamberg und Wirzburg, des Heil.
„Röm. Reichs Fürst, Herzog zu Franken 2c. 2c.
„Würdiger und Wohlgebohrne, dann Ehrsame und Hoch-
„gelehrte, liebe, andächtiger und getreue!

D 4   Nicht

„Nicht allein denen, welche zufolge ihres Be-
„rufes das Criminalrecht zu studieren oder solches als
„Richter auf ihnen vorkommende Fälle anzuwenden
„haben, sondern auch anderen, die in der neuen phi-
„losophischen und juristischen Literatur nicht ganz
„Fremdlinge sind, ist bekannt, wie mangelhaft
„in mancherley Rücksicht die in dem sechszehnten Jahr-
„hunderte entstandenen deutschen Criminalgesetze sind ;
„wie wenig dieselben zum Theil auf Unsere jetzige
„gar sehr veränderte Zeiten noch passen; wie ungewiß,
„schwankend und fast willführlich die Criminalpraxis durch
„die äußerst verschiedenen Meinungen der Rechtsgelehrten
„gemacht worden, und wie nothwendig es daher ist,
„auf Verbesserung dieser Gesetze Bedacht zu nehmen.

„Wir von allem diesem vollkommen überzeugt, ha-
„ben Uns kurz nach Antritt der Regierung Unserer Fürstl.
„Bambergischen Lande schon vorgenommen, wo nicht eine
„ganz neue Criminal-Gesetzgebung statt der vorhandenen
„peinlichen Halsgerichtsordnung ergehen zu lassen, doch
„solche durch einzelne Verordnungen zu verbessern; so
„daß der Begriff mancher Verbrechen näher bestimmt,
„zwischen jenen und den Strafen das Ebenmaaß mehr
„beobachtet, und der Prozeß weder übereilt noch verzö-
„gert würde.

„Nun

„Nun haben Wir zwar auch Unſerm Vorhaben
„getreu, bey Uns ſich dargebothener Gelegenheit beſonde-
„re Verordnungen in Hinſicht auf Unſern Zweck erlaſſen.
„Wir können Uns aber denſelben dadurch erreicht zu ha-
„ben ſo wenig ſchmeicheln; daß Wir vielmehr ſelbſt da-
„für halten, er werde auf dieſem Wege, der dazu noch
„zu weitzügig iſt, kaum jemahls ganz zu erreichen ſtehen.
„Wir haben demnach den Entſchluß genommen, den an-
„dern Weg einzuſchlagen, nähmlich ein vollſtändiges Cri-
„minal-Geſetzbuch verfaſſen zu laſſen.

„Gleichwie aber auch dieſes nur ſehr ſpäte zu Stand
„kommen würde, wenn einer Unſerer Räthe dazu einen
„neuen Plan erſt ausdenken, ſolchen entwerfen und nach
„und nach ausgeführt, bey der Regierung in Berath-
„ſchlagung nehmen laſſen ſollte, ſo haben wir einen kür-
„zern Weg dazu auserſehen.

„Wir wollen nähmlich, daß der Quiſtorpiſche Plan,
„welcher unter dem Titel: Ausführlicher Entwurf zu
„einem Geſetzbuch in peinlichen und Strafſachen,
„im Drucke erſchienen iſt, zum Leibfaden genommen,
„mit genauer Sorgfalt geprüft und dann zu Ende, wenn
„er durch daran nöthig gefundene Aenderungen verbeſſert
„und der Verfaſſung Unſerer Lande anpaſſend gemacht
„iſt, mit einer Vorrede, worin Wir, um keines gelehr-
„ten Diebſtahls beſchuldiget zu werden, das Bekenntniß,

D 5   „daß

„daß Wir vorzüglich Quiſtorpens Werk genutzet, öffent-
„lich thun werden, als ein neues Bambergiſches Crimi-
„nalrecht publizirt werde.

So wie jene peinliche Gerichtsverordnung Biſchofs
Georgs, dem großen Karl V zum Muſter diente; eben
ſo verſpricht der weiſe entworfene Plan **Franz Ludwigs**, daß ſein Geſetzbuch zum Muſter für ganz Deutſchland dienen wird. Im Jahre 1790 wird der erſte
Band erſcheinen. Nur jenen Unterſchied wird Biſchofs
Georgs Vorſchrift von dieſer eines **Franz Ludwigs**
unterſcheiden, daß jene kaum drey Jahrhunderte aus-
hielte, ohne mangelhaft und unbrauchbar zu werden.—
Dieſe aber wird mit ihrem reichhaltigen Stoffe, mit ihrem pragmatiſchen Umfange Jahrtauſenden Trotz biethen.

Beylage.
Nro. VI.

Folgen der mildern Gesetzgebung.

Und nie waren unsere Gefängnisse leerer! — Freylich mag dieses dem ersten Anscheine nach auffallend und paradox scheinen. Wenn Missethäter aus den Gefängnissen auf den Richtplatz hingeschleppt werden, um sie durch mancherley Todesarten in allerley Modificationen nach Karolinischen Sanktionen zum Opfer der Gerechtigkeit zu machen; so ist es leicht auszuführen, Gefängnisse leer zu machen. —

Aber bey einer so milden Gesetzgebung, die mit den menschenfreundlichen Grundsätzen eines Josephs von Oestreich, eines Leopolds von Toscana übereinstimmet, da seit zehn vollen Jahren seit **Franz Ludwig** unser Vater ist, keine so fürchterliche Scene vor unsern Augen sich öffnete, wo wir Menschen von Menschen morden sahen. — Daß unter diesem milderen Gestirne auch nie unsere Kerker und Gefängnisse leerer standen, dieß ist es, was mich vielleicht in den Verdacht einer Schmeicheley ziehen dürfte. — Aber ich trete den Beweis darüber an, und lege hier eine Tabelle bey, die meine Behauptung unwidersprechlich macht.

Tab. I.

Tabelle
Nro. I.

Verzeichniß,

was von den Jahren 1769 bis 1788 in dem dahiesigen Zucht- und Arbeitshause für Züchtlinge
aufbehalten worden sind.

Ja	Im Ganzen.	Summe sämmtlicher Züchtlingen.
17	92	215.
17	63	147.
17	75	205.
17	67	208.
17	76	191.
17	44	132.
17	48	128.
17	39	116.
17	37	96.
17	35	85.
		1523.

Tabelle

In zehn Jahren von 1769 bis 1779. wo Folter, Schwert, Galgen und Rad so oft unsere Mitbürger mordeten, waren es doch 1523 die in den Gefängnissen schmachteten. In dem neuern glücklicheren Jahrzehend, wo alle jene peinliche Werkzeuge nicht einmahl zum Vorschein kamen, sind es nur 765 die das Gefängniß einschließt. Beynahe ist diese Summe um die Hälfte geringer als jene.

Ist dieses vielleicht ein für die Menschheit unbeträchtlicher Unterschied, wenn sieben hundert Menschen mehr in einem Jahrzehnd ihre Freyheit, und vielleicht hundert davon ihr Leben verlieren. — Nein — dieß ist ein Punkt, der in die Annalen unserer Vaterlandsgeschichte gehört, wo ehedem in einem Jahre (1769) zwey hundert fünfzehn Menschen in die Gefängnisse eingezogen wurden, werden jetzt in einem Jahre (1788) nur fünf und zwanzig dahin gewiesen. — Zu mancherley Beobachtungen biethet überhaupt die Uebersicht dieser ersten Tabelle den näheren Stoff dar. Vorzüglich glaube ich, liefert sie den stärksten Beweis, daß die Moralität im Ganzen bey uns viel gewonnen hat. —

Auch noch eine zweyte Tabelle füge ich hinzu, welche deutlich vor Augen legt, daß die Zahl der eingebrachten Missethäter sich jährlich mindere.

Tabelle

Tabelle.

Nro. II.

Verzeichniß der Anzahl der Personen, welche vom
Jahre 1778 bis 1789 inclusive in die dahiesige
obere Frohnveste gefänglich eingezogen worden.

	Personen.
Im Jahre 1778. vom 2ten May bis den 31. Dezember. — —	48
Im Jahre 1779. — —	27
Im Jahre 1780. — —	32
Im Jahre 1781. — —	32
Im Jahre 1782. — —	37
Im Jahre 1783. — —	28
Im Jahre 1784. — —	20
Im Jahre 1785. — —	10
Im Jahre 1786. — —	28
Im Jahre 1787. — —	15
Im Jahre 1788. — —	12
Im Jahre 1789. — —	17
Dermahls aber sitzen noch wirklich —	13

Todes-

Todesstrafen und Marter können wohl das abschreckende Beyspiel nicht seyn, noch die Wirkung haben, andere von gleichen Verbrechen abzuhalten, wie es in der Vorzeit die einstimmige Aussage alter Criminalisten war. Unsere geräumige Gefängniß hatte ehedem die Menge der eingezogenen Missethäter nicht fassen können, und doch wurden damahls in einem Zeitraume von zwanzig Jahren bey sechzig Personen in die Hände des Henkers geliefert, wie aus dieser dritten Beylage zu ersehen ist.

Tabelle. Nro. III.

Verzeichniß der Verbrecher, die in Bamberg vom 22ten Junius 1759 bis 1779 hingerichtet worden.

Ver-

Verzeichniß

der Verbrecher, die in Bamberg vom 22ten Junius
1759 bis 1779 hingerichtet worden.

Jahr.	Monath	Nahme.	Alter. Jahr.	Verbrechen.	Todesart.
1759	Juni.	Anna Giesel- mayerinn.	40	Diebstahl!	durchs Schwert.
1760	Febr.	Franz Tho- mas.	35	Doppelter Todtschlag	Rad.
		Thomas Schwarzen- berger.	24	Dieb und Mord- brenner.	Feuer.
1761	Oktob.	Andres Leh- mann.	34	Diebstahl.	Strang.
1762	Jäner.	Margareth Pagerin.	23	Kinder- mörderinn	Schwert.
		Daniel Schek.	29	Diebstahl.	Strang.
	Juni.	Peter Krauß.	29	Diebstahl.	Strang.
1763	Mai.	Andres Pras- sel.	33	Diebstahl	Strang.
		Franz Bern- hard Gassen- mayer.	36	Diebstahl.	Strang.
	Juli	Johann Bi- tel.	23	Kirchen- raub.	Feuer.

1763

Jahr	Monath	Nahmen.	Alter.	Verbrechen.	Todesart.
1763	Aug.	Philipp Eitel.	30	Diebstahl.	Schwert.
1764	Febr.	Joh. Krauß.	25	Diebstahl.	Strang.
———	Oktob.	Lorenz Heiser.	20	Diebstahl.	Schwert.
———	Dez.	Joh. Erhard Lekra.	38	Diebstahl.	Strang.
1765	Mai.	Joh. Georg Heidelberger.	31	Diebstahl.	Strang.
1766	Juli.	Joh. Hoffmann.	19	Diebstahl.	Strang.
———	———	Konrad Jlges.	30	Diebstahl.	Schwert.
———		Michel Schmitt.	30	Diebstahl.	Schwert.
———	Oktob.	Leonhard Schäfer.	27	Diebstahl.	Strang.
———		Konrad Wesel.	46	Diebstahl.	Strang.
———		Joh. Heinrich Jungenheimer.	18	Diebstahl.	Schwert.
———	Nov.	Michel Müller.	65	Mörder.	Schwert und aufs Rad gestochten.
1768	Jän.	Magdalena Endresin.	33	Kindermörderinn.	Schwert.

E

Jahr.	Monath	Nahmen	Alter.	Verbrechen.	Todesart.
1768	Mai.	Kunegund Wolfin.	21	Kindermörderinn.	Schwert.
———	Mai.	Christoph Riller.	30	Zwey Mörder.	Rab.
		Sebald Schröder.	27		
1769	Juni.	Joh. Keller.	29	Diebstahl.	Schwert.
———	Dez.	Friedrich Bauerschmitt.	57	Diebstahl.	Strang.
1772	Febr.	Joh. Malz.	37	Diebstahl.	Strang.
———	Juli.	Andres Rudel.	48	Diebstahl.	Strang.
———	Oktob.	Johann Schrüffer.	38	Diebstahl.	Schwert.
———	Nov.	Joh. Schubert	32	Mörder.	Schwert.
1773	März.	Margareth Willin.	26	Diebstahl.	Schwert.
———	Juni.	Georg Höfer.	36	Diebstahl.	Strang.
———		Lorenz Wekert.	40	Diebstahl.	Strang.
———	Juli.	Görg Klaus	38	Diebstahl.	Schwert.
———	———	Margareth Brunnenquellin.	39	Diebstahl.	Schwert.
———	———	Margareth Schwarzin	24	Diebstahl.	Schwert.

Ag=

Jahr	Monath	Nahmen.	Alter	Verbrechen,	Todesart.
		Agnes Hö=ferin.	34	Diebstahl.	Schwert.
		Veit Dum=brof.	25	Diebstahl.	Strang.
		Joh. Mu=ßel.	51	Diebstahl.	Strang.
		Joh. Nes=ser.	40	Diebstahl.	Strang.
		Andres Praßel.	33	Diebstahl.	Strang.
1774	Jull.	Görg Dens=ler.	42	Diebstahl.	Schwert.
——	Sept.	Bankraß Brun.	38	Mörder.	Schwert sodañ auß Rad ge=flochten.
——	Oktob.	Mich. Stix	58	Dieb und	Schwert.
1775	Juni.	Joh. Ott.	20	Hausdieb=stahl.	Schwert.
——	Oktob.	Nikolaus Hornung.	38	Mörder.	Rad.
1776	Sept.	Barbara Saffenreu=therin.	25	Giftmische=rinn.	Schwert.
——	——	Wolfgang Moschen=bacher.	30	Kindermord	Schwert. 1776

E 2

Jahr	Monath	Nahmen.	Alter	Verbrechen.	Todesart.
1776	Nov.	Karl Greſſ.	41	Giftmiſcher.	Rad.
1778	Oktob	Johann Schuh= mann.	34	Kirchen und Monſtran= zenräuber.	Feuer.

Die Summe aller Hingerichteten vom Jahr 1759 bis 1779. belauft ſich alſo auf zwey und funfzig. (52).

Bey=

Beylage.
Nro. VI.

Anſtalten, Getreide - und Holzmangel zu entfernen.

Franz Ludwig öffnet Böden und Wälder unſern
entfernteſten Bedürfniſſen zuvorzukommen. — Ue-
berſchwemmung und fortwährende Näſſe im Anfang des
Herbſtes, erregten bey Ihm die Beſorgniß, Mangel
und Theurung der Früchte möchte auch unſere Gegenden
treffen. Ungeſäumt verfügte er die herrlichſten Anſtalten, uns vor beyde zu ſichern. — So ſucht ein klu-
ger und vorſichtiger Arzt, Krankheit, und jeder damit
verbundenen Gefahr vorzubeugen, die der Geſundheit,
dem Leben ſeiner ihm Anvertrauten drohen; wenn her-
einbrechende Seuchen und Anſteckung ſie befürchten
laſſen. —

Bambergs Einwohner ſind mit Recht von Dankgefühl durchdrungen, da ſie die Früchte dieſer ſo weiſe ge-
troffenen Verfügungen ihres ſorgſamen Fürſten jetzt
im vollen Maaße genießen. — Während dem rings
um uns her die Klagen über Theurung und Mangel allgemein ſich verbreiten, leben wir faſt im Ueberfluſſe.
Dieſes verdanken wir vorzüglich einer weiſen öffentlich

be-

bekanntgemachten Verordnung vom 14ten Oktober 1789, worin unser bester **Fürst** die sicherste Maaßregeln getroffen, uns vor Mangel und Theurung gänzlich zu sichern. Der Nachtheil, den eine allgemeine Sperre mit sich zu führen pflegt, ist den tiefen Einsichten unsers weisen **Landesvaters** nicht entgangen. Er verordnete daher, daß den eigenen so wie den fremdherrischen Unterthanen der Einkauf aller Getreidegattungen zu ihren eigenen Bedürfnissen unbenommen seyn sollte. Um aber der zu starken Ausfuhr, dem Unterschleife und dem Wucher so viel als möglich vorzubeugen, wurde die Einschränkung hinzugesetzt, daß jeder Einkäufer, Einländer wie Ausländer von seinem Bedürfnisse beglaubte Zeugnisse beybringen sollte. Und Niemanden sey erlaubt, über dreyßig Simmern auszuführen, dem nicht vorher die Genehmhaltung von der Hochfürstlichen Regierung darüber ertheilt worden. Die Regierung solle entscheiden, ob die auszuführende Quantität entbehrt werden könne, oder ob sie für die eigene Bedürfnisse der Unterthanen, zurück zu behalten sey.

Den Landeseinwohnern, und nach ihnen den Unterthanen des Fränkischen Kreises wurde das Einstandsrecht des erkauften Getreids, vor den Fremden eingeräumt. Dem Wucher und dem Unterschleife noch ferner zu begegnen, wurde den Unterthanen verbothen, ihr Getreide außer Landes auf die Märkte zu führen. Alles

Ge-

Getreibe, welches mit ausgewirkter Erlaubniß zu Waſ-
ſer aus dem Lande gebracht, muß in hieſiger Reſidenzſtadt am Kranich eingeladen werden. —

Wie zweckmäßig, gerecht und klug die Vorkehrungen und Strafen getroffen und eingerichtet ſind, welche
gegen die Uebertreter dieſer väterlichen Verordnung an-
geſetzt ſind, kann man daraus beurtheilen daß zur Stunde noch kein hieſiger Unterthan ſich dagegen verfehlt hat
und zu Schulden gekommen iſt. —

Bey dieſer Verordnung allein, wovon ich nur ei-
niges hier ausgehoben habe, wollte es unſer beſter Lans-
desfürſt nicht bewenden laſſen, nein! — Er öffnete
auch ſogar ſeine eigene Fruchtböden. — Sowohl hier
in der Reſidenzſtadt als auch in einigen Munizipalſtäd-
ten, wird wöchentlich zweymahl aus herrſchaftlichen
Böden eine beträchtliche Menge Getreides zum öffentlichen Verkauf auf den Markt geführt. Dieſes
Getreide wird um einen ſehr billigen Preis abgegeben.
Davon haben wir bisher die gute Wirkung gehabt,
daß der Preis des Getreides bey uns nicht merklich ge-
ſtiegen iſt. Die Summe des Getreides, welches ſeit
dem Oktober bis den Dezember vom Fürſtlichen Bo-
den auf den hieſigen Markt gebracht und verkauft worden, belauft ſich auf ſieben hundert Simmern.

Nicht

Nicht allein Seine Fruchtböden öffnet dieser erhabene **Fürst** um unsern entferntesten Bedürfnissen zu begegnen, auch Seine Waldungen greift Er an, um jedem Mangel vorzubeugen, der uns drücken könnte.

Kaum erfuhr Er, daß die Einwohner dieser Stadt sich über den steigenden Preis und den Mangel des Brennholzes beklagten, gleich traf Er, so wie in der Getreidesache die herrlichsten und menschenfreundlichsten Vorkehrungen. — Ein jeder Hausvater wurde befragt, wie viel Brennholz er für den instehenden Winter bedürfe. Denn wurde den Fürstlichen hier angrenzenden Forstämtern der Befehl ertheilt, also bald drey tausend und einige hundert Klafter Holz fällen zu lassen, und sie in das hiesige Magazin abzuliefern. Zu gleicher Zeit wurden mehrere hundert Schock Reisig eingekauft und unter die arme Nothleidende unentgeldlich ausgetheilt.

Zweymahl in der Woche müssen die Marktmeister dem **Fürsten** getreu berichten, wie viel an Holz und Getreide von dem Landmann in die Stadt gebracht, und um welchen Preis beydes verkauft worden. —

Seyd unbekümmert ruhig und getrost, glückliche Bewohner Bambergs, **Franz Ludwig** ist euer Vater, eure Sorgen sind auch Seine; Er sucht eure Bedürfnisse auf, Er kennt sie, und kräftig arbeitet Er ihnen entgegen.

Bey=

Beylage.
Nro. VIII.

Die Hebammenschule.

Unaufgefordert, aus eigenem Antriebe, die vortrefflich-lichsten Einrichtungen und Anstalten für die leidende Menschheit zu verfügen, ist eine der großen Regententugenden unsers erhabenen **Fürstens.** —

Wer nur einen flüchtigen Blick auf die ersten Regierungsjahre dieses weisen **Fürsten** wirft, dem kann die Bemerkung nicht entgehen, daß Er gleich anfangs sich bestrebte, mit den Mängeln und Gebrechen Seines Staatskörpers Sich bekannt zu machen Seinem scharfen und forschenden Blicke waren die Lücken bald sichtbar, die sich bey der Untersuchung der hiesigen Medizinalanstalten und vorzüglich des Ammenwesens veroffenbarten. Im Jahre 1780, das zweyte Jahr Seiner Regierung, faßte Er den für die Menschheit Seiner Unterthanen so wohlthätigen Entschluß, die Hebammenanstalten auf dem Lande zu verbessern, und eine Hebammenschule zu errichten.

Seine erste Verfügung war, daß Er den Beamten und Seelsorgern den Befehl ertheilte, über den

Zuſtand des Hebammenweſens überhaupt, ſo wie vorzüglich über die Anzahl der angeſtellten Hebammen, über
ihre Beſoldungen und die Quellen woraus ſie geſchöpft
würden, über das ſittliche Betragen, die Eigenſchaften
und Kenntniſſe derſelben getreu und ſchleunigſt zu berichten. —

Faſt alle dieſe eingelaufenen Berichte kamen dahin überein, daß es den meiſten Hebammen auf dem Lande
an den gehörigen und nach Grundſätzen zu erlernen-
den Unterrichte in der Geburtshülfe gänzlich mangele,
daß ihre Anzahl in Hinſicht der Größe der Entlegenheit
der Ortſchaften unzureichend ſey, und daß endlich in
den wenigſten Ortſchaften die Hebammen eine feſtgeſetzte
Beſoldung hätten. Durch ihre Kunſt, wenn man ſie
alſo nennen dürfte, wären ſie nicht im Stande ſich zu
ernähren, da ihnen für jede Geburt nur ſechszehn Kreuzer bezahlt würde. — Sie müßten größtentheils von
harter Feldarbeit, leben, wodurch der Sinn des Gefühls,
welcher einer Hebamme ſo nothwendig iſt, gänzlich verloren ging. Aus den Berichten der Seelſorger war
gleichfalls zu erſehen, daß die Sitten dieſer Hebammen
eben ſo wenig als ihre Kenntniſſe ausgebildet ſind. —
Auch die Unglücksfälle mußten dem **Fürſten** unmittel-
bar von den Seelſorgern einberichtet werden, die ſeit einigen Jahren auf dem Lande in der Geburtshülfe vor-
gekommen. Es ſcheint, der **Fürſt** wollte ſich überzeu-
gen,

gen, ob die Vorwürfe, die man den Landhebammen
macht, gegründet wären oder nicht. Diese Berichte,
sagte der theilnehmende **Fürst** zu dem Verfasser dieses
Aufsatzes, der bey deren Eröffnung mehrmahls zuge-
gen war, öffne ich stets mit Furcht und Zagen, mir
ists jedesmahl bange, Unglücksfälle darin angezeigt zu
finden, die Folgen der Ungeschicklichkeit der Hebammen sind. —

Sobald sich der **Fürst** von dem elenden und traurigen Zustande des Hebammenwesens auf dem Lande
überzeugt hatte, so erließ Er an Seine Regierung den
Befehl, daß führohin keine Hebamme weder in der Re-
sidenzstadt noch auf dem Lande angestellt werden sollte,
die nicht vorher theoretisch und praktisch unterrichtet
und genau geprüft worden. — Die Hebammen wurden
angewiesen, bey unserm sehr geübten und fleißigen Lehrer der Hebammenkunde Herrn Demonstrator Gotthard
den Unterricht zu nehmen. Auf dessen Verlangen wurde auf Rechnung des **Fürsten** eine Maschine verfertiget, woran den Hebammen die Wendungen gezeigt
und gelehrt wurden. — Der **Fürst** befahl, die Ort-
schaften vordersamst mit Hebammen zu versehen, die
deren am bedürftigsten gehalten würden.

Die Anzahl der unterrichteten Hebammen bis zum
Jahre 1788. beläuft sich auf zwanzig. —

In

In dieser Zwischenzeit suchte der **Fürst** die Hindernisse zu beseitigen, die der Errichtung einer wohleingerichteten Hebammenschule bishero im Wege gestanden.

Im Monath Oktober des jüngst verflossenen Jahres nahm diese vortreffliche Anstalt ihren gesegneten Anfang, deren Vorzüge und Einrichtung ich meinen Lesern in der Kürze mittheilen will. —

Bisher war jede Gemeinde verbunden, die Unkosten für den Unterricht der Hebammen selbst zu bestreiten. Es blieben daher viele Gemeinden ohne Hebammen, da sie die Kräfte nicht hatten, die nöthigen Auslagen zu bestreiten. —

Nach der neuen Einrichtung erhalten die Hebammen den Unterricht ganz unentgeltlich, da der **Fürst** dem Lehrer der Hebammenkunst eine jährliche Besoldung ausgesetzt hat. —

Die Besoldungen der Hebammen waren bishero so gering, daß keine, auch nur nothbürftig davon leben konnte; dieses war auch die Ursache, daß keine ordentliche rechtliche Frau sich zu diesem Gewerbe verstehen wollte. Für ihre ganze Mühe, Lohn und Beystand, den sie einer Gebährenden leistete war ihr nicht mehr als sechszehn Kreuzer festgesetzt und gezahlt. Auf Befehl des **Fürsten** wurde dieser zu geringe Lohn, auf sechs Batzen erhöhet. Eine jede Gemeinde ist gehal-

halten, nach Verhältniß ihrer Kräfte, aus der Gemein-
dekaſſe, der Hebamme einen Beytrag zu geben. In
den mehrſten Dorfſchaften bekommt ſie freye Wohnung,
Beſtallung an Holz und auch an baarem Gelde. In
jedem Orte ſoll ſie von allen Abgaben, Frohn = und andern Dienſten frey ſeyn. — Die Hebammen in den
Ortſchaften wo die Gemeinden zu arm ſind, ſollen aus
einer allgemeinen öffentlichen Landeskaſſe Unterſtützung
erhalten. — Aus eben dieſer Quelle ſoll der Koſten-
aufwand für den Unterhalt der Hebamme während ihres Unterrichts, als auch für die nöthigen Bücher,
Inſtrumente und Hebammenſtühle, beſtritten werden.

In der Auswahl der Perſonen, die als zukünf-
tige Hebammen verlangen aufgeſtellt zu werden, iſt
dem Lehrer der Hebammenkunſt anbefohlen, alle Vor-
ſicht und Vorſorge zu treffen. Dieſe Perſonen müſſen
Zeugniſſe ihrer guten Aufführung beybringen, bevor ſie
als Schülerinnen angenommen werden. Sie werden genau
geprüft, ob ſie die zu einer Hebamme erforderliche kör-
perliche Anlage haben, dann auch ob ſie die gehörigen
Eigenſchaften und nothwendige Vorkenntniſſe beſitzen.

Der Lehrer iſt gehalten, in Zeit vier Monathe
ſeinen Unterricht zu endigen. Seine Vorleſungen hält
er täglich vormittags und nachmittags jedesmahl eine
Stunde. Einmahl in der Woche hält er mit ſeinen
Schülerinnen genaue Prüfung, und wiederholt in der

Kür-

Kürze den vorher ertheilten Unterricht. — Wenn nach geendigtem Lehrkurs eine dieser Schülerinnen als Hebamme aufgestellt zu werden verlangt, so muß sie vorher bey einer besondern dazu niedergesetzten Kommiſſion, geprüft werden. — Die Anzahl der Schülerinnen beläuft sich jetzt auf sechs und zwanzig. Die Früchte dieser so nützlichen Schule recht bald zu ernten, befahl unser **gnädigster Landesvater**, daß in diesem erſten Jahre der ganze Lehrkurs zweymahl geendiget würde.—

Wem nicht unbekannt iſt, daß durch die Hände unerfahrner Wehemütter, nicht selten Mütter ihren zahlreichen Familien, Gattinnen ihren Männern, und Kinder ihren Aeltern entriſſen werden, der muß das Andenken eines **Fürſten** segnen, Dem der Jammer so vieler schuldlosen Opfer zu Herzen ging, und Anstalten traf, diesem Unglücke vorzubeugen. —

Beylage.
Nro. IX.

Verbesserung der Wundarzneywissenschaft.

Mit welchem Ernste und Eifer unser einsichtsvolle Fürst die Hindernisse verfolgte, die der Bildung guter Wundärzte in seinen Landen im Wege gestanden, beweisen mehrere Seiner vortrefflichen hierüber bekannt gewordenen Verordnungen, die auch im Auslande Beyfall und Bewunderung erhalten haben. — Eine der frühesten Verordnungen über diesen Gegenstand, ist die vom Jahre 1780, welche den Befehl enthielt, daß in Zukunft keinem Badergesellen erlaubt seyn sollte, eine Baderwittib zu heirathen — oder auch eine berechtigte Badestube käuflich an sich zu bringen, ehe und bevor derselbe sich zu der gewöhnlichen Prüfung gestellt, die Zeugnisse über seine Fähigkeiten und die erforderliche Landesherrliche Bestätigung erhalten habe. Vormahls hatte sich öfter der Fall ereignet, daß Badergesellen auf dem Lande, welche Badestuben erkauft, und in dieser Absicht die Wittwen geheirathet hatten, nachmahls bey den gewöhnlichen Prüfungen, ohne Fähigkeiten und Kenntnisse befunden wurden. Da sie schon im Besitze der Badestuben waren, so geschahe es nicht selten, daß

F   man

man ihnen aus Nachsicht und einer für die Unterthanen sehr nachtheiligen, Barmherzigkeit, die Erlaubniß zu praktiziren dennoch ertheilte. Um dieser Unordnung und anderen üblen Folgen vorzubeugen, erging dahero die obenerwähnte Verordnung mit dem Beysatze, daß der Uebertreter in beyden Fällen, von allen chirurgischen Verrichtungen ausgeschlossen; zur Besorgung des Publikums aber ein taugliches Subjekt von Landesherrschaft wegen aufgestellt werden sollte. —

Eine zweyte Verordnung über diesen Gegenstand erschien im Jahre 1786. Diese enthielte Einschränkungen und Erläuterungen, über die hiesige Baderordnung vom Jahre 1739. Nach dieser neuern Baderordnung darf kein Badergesell zur Prüfung gelassen werden, der nicht Anatomie gehört, und drey Jahre im Auslande seine Kunst ausgeübet hat. — Im Fall aber der Kandidat ein glaubwürdiges Zeugniß beybringt, daß er in einem Spital praktiziret, oder ein Kollegium Klinikum frequentiret, so soll auf die drey Wanderjahre keine Rücksicht genommen werden. — Die Zeit zur Vorbereitung auf das Examen soll nicht mehr in drey sondern in vierzehn Tagen bestehen — die zur Prüfung ausersehene Materien sollen vom Stadt oder Landphysikus dem Kandidaten im Allgemeinen vorher bekannt gemacht werden. — Der Kandidat soll an einem Kadaver eine Operation machen — die nöthigen Bandagen

gen und den ganzen Apparat zu einer solchen Operation muß er selbst herrichten, und zubereiten —

Die Anzahl der Stadtbaber, die diesen Prüfungen beywohnten, wurde von vier auf zwey gesetzt. Dafür aber wurde der Demonstrator der Anatomie, und
Lehrer der Wundarzneykunst Herr Gotthard als Mitexa-
minator ernannt.

Die Unkosten der Prüfung wurden festgesetzt, und
für die Erlaubniß in der Stadt zu praktiziren mußte
zwey und fünfzig und auf dem Lande sechs und zwanzig
Gulden bezahlt werden. Diese Summe ist in einer
neuern Verordnung vom Jahre 1789 auf acht und
vierzig — und vier und zwanzig Gulden herabgesetzt
worden.

Nach dieser neuern Verordnung werden die Prüfungen nicht mehr in dem Hause des Babers, der die
Lade hat, sondern auf der Regierung vorgenommen.
Das Schmausen bey dem Examen, das dem Kandidaten Geld kostete, so wie auch das Aufsetzen des Kränz-
chens, hat der **Fürst** nachdrucksam verbothen. —
Die Absicht des **Fürsten** gehet ganz allein dahin, das
Handwerksmäßige bey den Badern abzuschaffen, welches
die Wundarzneykunst so äußerst herabgewürdiget hat.
Nach der allerneuesten Verordnung sind die Ba-
bergesellen bey der medizinisch-chirurgischen Fakultät im-

matrikuliret worden, und stehen jetzt unter dem akademischen Senat, da sie vormahls einer hiesigen Untergerichtsstelle untergeordnet waren.

Nächstens sehen wir einer Verordnung entgegen, die die Annahme der Lehrlinge, und noch mehrere wichtige Gegenstände zur Verbesserung der Wundarzneykunst zum Endzwecke hat. Ein Rescript, welches die weisesste Vorschriften zu dieser Verordnung enthält, ist wirklich schon aus dem Kabinet an die Fürstliche Regierung ergangen. So viel vorläufig davon bekannt ist, so soll in Zukunft kein Lehrjung angenommen werden, dessen Fähigkeiten nicht vorher genau geprüft, und der wenigstens einige Schulen studiert hat.

Zu den guten und weisen Vorsätzen unsers besten **Fürsten** die Wundarzney in seinen Landen noch mehr empor zu bringen, gehört auch, daß Er die Badegerechtigkeiten nach und nach gänzlich aufzuheben, den Entschluß gefaßt hat. Von den Amtsstellen ist dieserhalb der Bericht abgefordert worden, wie viele solche Gerechtigkeiten es in jedem Amte gibt, und um welchen Preis der jetzige Besitzer sie an sich gebracht hat. In einigen hiesigen Dorfschaften ist mit Einziehung dieser Badegerechtigkeiten schon wirklich der Anfang gemacht worden. Es ist die Meinung des **Fürsten** dabey nicht dem Eigenthumsrechte der Besitzer zu nahe zu tre-

ten.

ten. Die Gemeinden sowohl als die Besitzer sollen auf eine oder die andere Art entschädigt werden.

Da sich öfter der Fall ereignet, daß die geschickteste und beste Subjekte zurückstehen müssen; weil es ihnen an Vermögen fehlt, sich Badestuben zu kaufen, so wird jedermann den Nutzen leicht einsehen, den es haben würde, wenn die Badegerechtigkeiten gänzlich aufhörten. —

Für einen besseren Unterricht der Wundärzte hat der gnädigste **Fürst** erst neuerlich die vortrefflichste Verfügungen getroffen.

Bishero war hier nur ein einziger Lehrer für die Wundärzte, und die Kandidaten mußten die Kollegien bezahlen.

Der **Fürst** ernannte im Jahr 1789 den Herrn Doktor Dorn als zweyten Lehrer der Wundarzneywissenschaft, und verordnete, nachdem Er den Lehrern ein ständiges Gehalt ausgeworfen, daß in Zukunft für die Landeskinder die Kollegien unentgeldlich gelesen werden sollten. Bey dieser Gelegenheit ließ der **Fürst** folgende Verordnung öffentlich bekannt machen.

Ver-

Bekanntmachung.

(Bamberg) „Seine Hochfürstliche Gnaden sind
„gnädigst entschlossen, um den Wundärzten mehr Schä-
„tzung, diesen aber genugsam geschickte Wundärzte zu
„verschaffen, in kurzem eine ihrem Zwecke angemessene
„Verordnung erscheinen zu lassen. Ein Punkt dieser
„Verordnung wird seyn, daß künftig keiner, der nicht
„über die Anatomie, die Physiologie, allgemeine Patho-
„logie, Terapie, chirurgische Materie und Pharmacie,
„gerichtliche Wundarzney, die Lehre von Bandagen,
„den chirurgischen Operationen, und der Geburtshülfe
„öffentlichen Unterricht erhalten zu haben bescheinigen
„könne, zum Examen, noch weniger ohne ein solches
„zur chirurgischen Praxis angenommen zu werden hof-
„fen dürfe. Damit es aber auch im Lande an Ge-
„legenheit, ersagten Unterricht zu erlangen, nicht mang-
„eln möge, haben höchstgedachte Seine Hochfürstliche
„Gnaden den Doktor und Professor Dorn, dann den
„Demonstrator Anatomiä Gotthard zu öffentlichen Lehrern
„ernannt und bestellet, deren jeder die für ihn gehörigen
„Vorlesungen den Landessöhnen ganz unentgeldlich hal-
„ten, und noch im gegenwärtigen Monathe, erster mit
„der Physiologie, und der andere mit der Osteologie
„den Anfang machen wird. Dieses ist es, was man
„jedem

„jedem, der in der Zergliederungs- und Wundarzney-
„kunst sich zu üben, auch seiner Zeit in des Fürstlichen
„Hochstifts-Landen zu einem ausübenden Wundarzte an-
„genommen zu werden gedenket, zum Besten, dann
„zu seiner Bemessung anzukündigen nothwendig gefun-
„den hat. Decretum Bamberg den 14ten Jul. 1789.

Die beyde Lehrer, Herr Dorn und Herr Gotthard
haben ihren Vortrag so einzurichten gesucht, daß sie den
ganzen Lehrkurs über die Chirurgie in einem Jahre endigen.

Herr Professor Dorn, ein ausgezeichneter Schüler
des unsterblichen Stolls, lehrt die Chirurgia medica
und Herr Demonstrator Gotthard, einer der erfahrensten
Wundärzte Frankens, ein Mitschüler Siebolds, und Zög-
ling von den berühmten Männern Stein und Mekel lehrt
die Manualchirurgie.

Noch einen dritten Lehrer in der Wundarzneykunst
sehen wir in der Person des jüngern Gotthards, ein
Bruder des Demonstrators, nächstens entgegen. Er
ist es, den der Fürst erst jüngst nach Wirzburg zu
dem Herrn Hofrath Siebold geschickt, wo er als künftiger Lehrer der Anatomie, seine schon in Wien gesam-
melte anatomische Kenntnisse erweitern und verfeinern
soll. Seine Laufbahn als Vieharzt hat er unter Herrn
Wollensteins Anleitung, wie ich in der vierten Beylage
schon erwähnt habe, rühmlich geendigt.

F 4

Bey

Bey seiner Zurückkunft von Wirzburg, wird er in dieser so nützlichen Wissenschaft, die bisher hier in den Händen der Schmiede, Hirten und Scharfrichter war, öffentlichen Unterricht ertheilen, dem auch die Wundärzte, die Zentbaber zu werden verlangen, beyzuwohnen gehalten werden dürften. —

Der anatomischen chirurgischen Schule alle Bequemlichkeit zu verschaffen, hat der **Fürst** beschlossen, ein neues anatomisches Theater erbauen zu lassen. Der Riß zu diesem neuen Theater hat unser geschickter Baumeister Herr Werkmeister Fink verfertiget. Hunter und Sömmerings vortreffliche Beschreibungen, wie anatomische Theater gebaut und eingerichtet werden müssen, sind hierbey nicht unbenutzt geblieben. Noch in diesem Jahre soll dieses Theater, das an Schönheit und Gemächlichkeit wenigen in Deutschland nachstehen wird, zu bauen angefangen und auch vollendet werden. — —

Den Zöglingen der Wundarzneykunst Gelegenheit zu verschaffen, die erlernte Theorie in Ausübung zu bringen, hat der **Fürst** ihnen den freyen Zutritt in das allgemeine Krankenhaus nicht allein gestattet, sondern auch verordnet, daß der Oberwundarzt ihnen am Bette der Kranken praktische Anleitung ertheile. Da sowohl die armen Kranken der hiesigen Stadt als auch die vom Lande, deren Krankheiten nicht anders als durch chirur-

rurgiſche Operationen zu heilen ſind, in dieſes Haus ge⸗
bracht werden, ſo fehlt es gar nicht an wichtigen und
ſeltenen Fällen, wodurch die Wundärzte unterrichtet und
geübt werden können. —

So viel verdankt in unſerem Vaterlande, die
Machaoniſche Kunſt, dieſe für das menſchliche Geſchlecht
ſo unentbehrliche und nützliche Wiſſenſchaft, unſerem
erhabenen und vortrefflichen Fürſten. —

Beylage.

Nro. X.

Krankenverpflegung für die Stadtarme.

Die öffentlichen Krankenanstalten, welche zugleich mit der Errichtung des wohlthätigen Armeninstituts gediehen sind, verdienen den herzlichsten Dank eines jeden gefühlvollen Mannes, dem der Zustand der armen Kranken nicht unbekannt ist. Ist auch das Loos des Dürftigen einer Seits durch wohlthätige Beyträge des Instituts gemildert, und das Bedürfniß gleichsam aus unseren Grenzen vertrieben, so bleibt doch Krankheit noch immer eine verderbliche Feindinn, welche nebst tausendfachen Leiden oft neue, vorher noch nicht empfundene Armuth um sich her verbreitet. Zum Troste dieser Leidenden entstand daher eine höchstwohlthätige Anstalt, welche jedem unserer Armen ohne Unterschied, so oft ihn eine Krankheit darniederwirft, alle erforderliche Hülfe zu gewähren vermögend ist, welche auch ohne Krankenhäuser dem Leidenden in seiner eigenen Wohnung einen Arzt, Arzneyen, Nahrung, Warte, und was seine Leiden sonst noch erträglich machen kann, zurei-

reichend genießen läßt. — Den 17ten Nov. 1786 wurde Herr Doktor und dermahliger Professor Dorn und Herr Doktor Horscheld als Armenärzte für die beyden Pfarrspiele, oder Theile unserer Stadt, und den 27 März 1787 Herr Hofchirurg Rösch als Wundarzt für die an äußeren Gebrechen leidende gnädigst aufgestellt. Sie mußten jedem Kranken, über dessen Dürftigkeit sie ein Zeugniß erhielten, ohne Unterschied der Krankheit in ihren Wohnungen besuchen, und demselben zweckmäßige Hülfe leisten. Die Arzneyen wurden den Armen auf Vorschrift des Armenarztes aus der nächsten Apotheke unentgeldlich abgereicht. Zweckmäßige Nahrung ist ein vorzügliches Bedürfniß des armen Kranken, und für diese wurde in einigen Fällen mit besonderen Geldbeyträgen aus der Pfarrey gesorgt; in anderen Fällen aber wurde auch den Kranken die erforderliche Nahrung selbst abgereicht. Zu dieser Absicht wurde 1. in jedem Theile der Stadt ein Kostgeber für die arme Kranken bestimmt, welcher denselben die vom Arzte fürgeschriebene Nahrung abzureichen hat. 2. Die den Kranken nach ihren verschiedenen Krankheitsumständen erforderliche Nahrung wurde überhaupt in vier Speiseportionen, als die schwache, die drittel, die halbe, und die ganze Speiseportion unterschieden, wovon die erste, oder die schwache aus Suppe und Brod, das Drittel aus Sup-

pe

pe und Gemüſe und ein halb Pfund eingemachten Kalb-
fleiſche, die ganze endlich aus Suppe, Rindfleiſche,
Gemüſe, und einem halben Pfund eingemachten Kalb-
fleiſche, nebſt dem Brode beſtehen ſollte. 3. Dem
Koſtgeber wurde von dem Arzte jedesmahl des Tages
vorher der Speiſezettel übergeben, welcher das Verzeichniß der nöthigen Speiſeportionen enthält. Eben ſo
wurde jedem Kranken von dem Arzte ein mit der be-
ſtimmten Speiſeportion überſchriebenes Billet abgereicht,
gegen welches derſelbe vom Koſtgeber ſeine Speiſeportion ohne alle Irrung erhalten konnte. Beyde Speiſezettel geben zugleich die leichteſte Kontroll zur Rechnung
der Koſtgeber ab. — Im Falle der Kranke ganz
verlaſſen, und eine Warte nothwendig haben ſollte,
hatte er ſich auch dieſe durch die Fürſorge des Armenarztes zu verſprechen, und eben ſo wurden auch noch
ferner alle Bedürfniſſe des armen Kranken auf Koſten
der Krankenanſtalten beſtritten. Endlich wurden auch
der höchſten Armeninſtitutskommiſſion von beyden aufge-
ſtellten Krankenärzten, ſo wie vom Wundarzte mit jedem Monathe ein tabellariſches Verzeichniß ſämmtlicher
franken Armen und ihrer Krankheiten, wie viele deren
mit Nahrung verpflegt, geneſen, geſtorben, oder frank
geblieben waren, mit der Berechnung der Auslagen für
Arzneyen, Nahrung, oder ſonſtige Bedürfniſſe vorge-
legt.

legt. Die Bemühungen der Aerzte belohnt der **Fürst** aus seiner Privatkasse. Da der Herr Doktor Horschelt vor mehreren Monathen gestorben ist, so versieht der Herr Professor Dorn die arme Kranke ganz allein. —— Herr Hofchirurgus Rösch ein würdiger Schüler Siebolds besorgt unentgeldlich die äußerliche Kranke, wozu er sich aus Liebe für die Arme von selbst erbothen hat. ——

Damit man den Umfang jener Wohlthaten, welche seit drey Jahren durch diese trefflichen Anstalten dem kranken Theile unserer armen Mitbürger zugeflossen sind, auch nur übersichtlich bemessen könne, so habe ich zugleich eine allgemeine Berechnung sämmtlicher armer Kranken aus den Jahrbüchern der Armenärzte hier ausheben und einrücken wollen. ——

Tabelle.

Ueber Krankenverpflegung der Armen vom Jahre 1786 — 89.

Vom November 1786 bis in November 1787 wurden in beyden Pfarreyen.

behandelt: — —	579
Nahrungspflege genoßen —	208
Gestorben sind — —	41
— — An Fäulungsfieber —	5
— — An anderen hitzigen Fiebern —	5
— — An Lungenentzündung (wahrer) —	4
(falscher) —	1
— — An Lungensucht —	15
— — An Wassersucht —	6
— — An Gelbsucht — —	1
— — An einer Quetschung des Unterleibs	1
— — An einer widernatürlichen Geburt	1
— — An zurückgetretenem Podagra —	1
Genesen sind — —	514
Krank geblieben sind — —	24

Vom

Vom November 1787 bis 1788 wurden in beyden
Pfarrspielen

behandelt: — —	849
Nahrungspflege genoßen —	306
Gestorben sind — —	39
— — An Fäulungsfieber —	1
— — An Lungenentzündung —	5
— — An Lungensucht —	8
— — Abzehrung — —	4
— — An Wassersucht —	4
— — An Steck und Schlagfluß —	6
— — An Verhärtung d. Eingeweide d. Unterleibs	2
— — An eingeklemmten Bruch —	1
— — An Blutspeien —	1
— — An zurückgetretenem Podagra —	1
— — — Rothlauf —	1
— — — Eiterung —	1
— — An Harnverhaltung —	2
— — An der Nesselsucht	1
— — Aus Alter — —	2
Genesen sind — —	763
Krank geblieben — —	47

Vom November 1788 bis 1789 wurden in beyden
Pfarrspielen

behandelt: — —	666
Verpflegt und Nahrung genoßen —	252
Gestorben — —	35

An

— —	An hitzigen Krankheiten	—	8
— —	An Lungenentzündung	—	3
— —	An Wochnerinnfieber	—	1
— —	An Lungensucht	—	8
— —	An Wassersucht	—	7
— —	An Schlagfluß	—	1
— —	An Abzehrung	—	5
— —	An kalten Brand	—	2
Genesen sind	—	—	609
Krank geblieben	—	—	22
In allem wurden demnach behandelt:	—	—	2094
Verpflegt	—	—	766
Gestorben sind	—	—	115
Genesen	—	—	1957
Krank geblieben	—	—	22

In der Beylage Nro. I. bey der Beschreibung
wie viel in einem Jahre die Unterhaltung der Armen
überhaupt betragen, habe ich schon angezeigt, wie viel
die jährliche Verpflegung der armen Kranken kostete.
Meine Leser, die dieses zu wissen verlangen, verweise
ich daher auf jene Beylage. —

Es wird jedem, der diese Verzeichnisse der Ar-
menärzte durchgeht, auffallen müssen, wie wohlthätig
diese treffliche Krankenanstalt im Jahre 1788 und 89
gewesen seyn müsse, wo eine gallichte, schleimichte Epi-
demie vom Herbste 88 bis in das Frühjahr 89 in einer
äußern Gegend unserer Stadt eine beträchtliche Menge
meistens armer Menschen darniederwarf, wo ganze Familien in einem Hause oft sogar in dem nähmlichen Bette mit einer gefährlichen Krankheit, und einem äußerst
harten Winter zu kämpfen hatten, und doch nur wenige diesem um sich greifenden Herbstfieber zur Beute gefallen sind. — Wem sonst müssen wir es verdanken,
daß dieser um sich her vergiftenden Krankheit Grenzen
gesteckt wurden, daß so viele Menschen mitten aus der
Gefahr des Todes gerettet, von ihrem Krankenlager mit
ihrer vorigen Gesundheit und Kräften wieder aufstanden?
Wem anders sind wir dieses schuldig, als den trefflichen
Anstalten unsers wohlthätigen **Fürsten**, Welcher den
Leidenden nicht allein zwey Aerzte, die Er aus Seiner
Privatkasse salarirte, sondern auch Arzneyen, Warte,
Nahrung, und alle erforderliche thätige Hülfe mit einem
beträchtlichen Kostenaufwande angedeihen ließ. —

G   Bey-

Beylage.
Nro. XI.

Einrichtung des allgemeinen Krankenhauses.

Schon lange war die beſſere Einrichtung der hieſigen Krankenhäuſer, der allgemeine Wunſch der hieſigen Einwohner.

Die ältere hieſige für Kranke beſtimmte Spitäler, waren theils zu klein, und daher der Volksmenge nicht anpaſſend; theils aber auch war bey ihrer innern Einrichtung, wenige oder faſt gar keine Rückſicht, auf Reinlichkeit, Reinigung der Luft, Pflege, Nahrung und Warte gemacht worden.

In dem hieſigen Curhauſe, welches die Stelle eines allgemeinen Krankenhauſes vertrat, war nicht mehr Raum als höchſtens für acht Kranke. Die Zimmer daſelbſt waren ſo enge, niedrig und feucht, daß das Ganze mehr einem Gefängniſſe glich, als einem Hauſe wo Menſchen ihre verlorne Geſundheit wiedergegeben werden ſollte.

Laut waren daher die Klagen der Aerzte, denen die Beſorgung der Kranken in dieſem Hauſe anver-

trauet

trauet war, daß die Heilung der Krankheit hier sehr
schwer oder fast gar nicht gelingen wollte.

Bey dem Antritte Seiner Regierung besuchte unser gnädigster **Fürst** die hiesigen Krankenhäuser und
Gefängnisse, diese Sammelplätze des menschlichen Elendes, in der eblen und erhabenen Absicht, das ohnedieß
harte Schicksal der Unglücklichen welche diese Häuser ein-
schließen, durch eine bessere Wohnung und Verpflegung
zu mildern und erträglich zu machen. ——

Kaum hatte Er Sich bey dieser Gelegenheit durch
den Augenschein von dem traurigen Zustande der hiesigen Krankenhäuser überzeugt, so faßte Er auch alsobald
den Entschluß, für Seine Stadt Bamberg ein neu
wohleingerichtetes Spital zu bauen. ——

Er nahm selbst die Sorge auf Sich, einen wohl-
gelegenen Platz für dieses Krankenhaus aufzusuchen.

Mehrere solcher Plätze, so wie jener des vormahli-
gen hiesigen Zuchthauses, nahm Er im Jahre 1783
selbst in Augenschein. ——

Seine Wahl fiel auf den Graf Stadionischen Garten, den Er im Jahre 1786 für ungefähr acht tausend Gulden rheinisch aus Seiner Privatkasse erkaufte.——
Die äußerst schöne Lage dieses Gartens, sein beträchtli-
cher Umfang und große Flügelgebäude, ließen schon damahls jedermann hoffen, dem die Sorgfalt und der
richtige Geschmack des **Fürsten** nicht unbekannt war,

G 2   daß

daß Bamberg in kurzer Zeit eines der schönsten Spitäler Deutschlands sich zu erfreuen haben werde.

Wie sehr diese Erwartung erfüllt worden, beweiset der allgemeine Beyfall den dieses Haus nach seiner Vollendung von Fremden und Einheimischen erhalten hat. —

Sobald der **Fürst** im Besitze des Graf Stadionischen Gartens war, so ernannte Er Seinen Obermarschall den Freyherrn und Ritterhauptmann von Stauffenberg zum Oberbaudirektor des neu zu erbauenden Krankenhauses. Den Werkmeister Fink bestimmte Er zum Baumeister für dieses Haus, und ließ ihn daher auf Kosten Seiner Kammer nach Wirzburg und an Rheinstrom reisen, damit er die daselbst neu erbaute Spitäler in Augenschein nehmen möchte. Nach seiner Zurückkunft berief der **Fürst** den Herrn Hofkammerrath und Baumeister Geigel aus Wirzburg, damit er gemeinschaftlich mit dem Werkmeister Fink einen Riß für das neue Spital entwerfe.

Der Riß mußte so eingerichtet werden, daß die von Quaderstein gebaute Flügelgebäude die mit dem Garten erkauft worden, stehen bleiben könnten, und die beyden Flügel für das neue Spital ausmachten.

Diese Flügel mußten durch ein Quergebäude mit einander verbunden werden, damit ein zusammenhängendes Ganzes daraus gemacht werde. Der **Fürst** be-

befahl ferner den Baumeistern bey dem Entwerfen des Riſſes darauf Rückſicht zu nehmen, daß männliche und weibliche innerliche, äußerliche und anſteckende Kranke in dieſes Haus bequem aufzunehmen wären. —

Ueber die Abtheilung der Krankenſäle und andere dem Arzte näher angehende Gegenſtände benahmen ſich die Baumeiſter mit den Kunſtverſtändigen.

Sobald der Riß nach dieſem Plane verfertiget war, befahl der **Fürſt** im Winter des Jahrs 1787 die Anſtalten zur Herbeyſchaffung der nöthigen Baumaterialien zu treffen.

Die Hofkammer erhielte den Befehl, aus den Fürſtlichen Waldungen das nöthige Bauholz anzuſchaffen. Im Maymonath des nähmlichen Jahrs wurde der Grundſtein zu dieſem wohlthätigen Hauſe von dem **Fürſten** mit vieler Feyerlichkeit und unter dem Zulauf der freudigen Einwohner, gelegt. —

Schon im erſten Jahre wurde dieſes große und herrliche Gebäude unter dem Dache gebracht, und im zweyten Jahre war der ganze Bau gänzlich vollendet.

Selbſt Bauverſtändige bewunderten die Schnelligkeit, womit dieſes Haus aufgeführt worden, nicht weniger aber auch deſſen ſchöne, einfache und dauerhafte Bauart.

Alles ſchien zuſammen zu wirken, daß dieſes Haus eines der Schönſten im Hochſtifte ward. Die Einſicht,

G 3 Thä-

Thätigkeit und die Vaterlandsliebe des Oberbaudirektors, die Geschicklichkeit und Uneigennützigkeit der Baumeister beseelten die übrigen Bauleute, so daß sie wetteiferten an Fleiß und guter Arbeit, einer dem andern es vorzuthun.

Allen, vorzüglich aber den um dieses Haus so verdienten Herrn Obermarschall Freyherrn von Stauffenberg, und dem Werkmeister Fink dankte der hohe Stifter dieses Hauses bey der Einweihungsfeyer desselben öffentlich, und bezeugte ihnen Seine vollkommene Zufriedenheit. — Die Schönheit dieses Gebäudes harmonirt vollkommen mit der schönen Lage und Aussicht desselben. Es liegt ganz frey, und ist von keinem Nebengebäude eingeschlossen, seine Aussicht gehört zu dem vorzüglich Schönen dieser Stadt, die in Rücksicht ihrer Lage und Aussichten von wenigen in Deutschland wird übertroffen werden.

Gegen Morgen übersehen die Schmerzenkinder dieses Hauses den großen herrlichen Garten, der botanisch angelegt wird, und ihnen zum Spaziergang dient. — Gegen Mittag, die Stadt mit ihren reichen fetten Fluren, die unter dem Nahmen der hiesigen Gärtnerey mit Recht so berühmt sind. — Gegen Abend die Regniß bis an den Ort, wo sie sich schwesterlich mit dem Mayn vereiniget. — Gegen Mitternacht, die herrliche Prälatur

latut Michaelsberg, die ihrer schönen Gebäuden, Ter-
raſſen und Ausſichten halber eine der ſchönſten und be-
rühmteſten in Franken iſt. — Was dieſem Hauſe
noch beſonders zur Zierde gereicht, iſt ein großer freund-
licher Hofplatz, in deſſen Mitte ein ſehr ſchöner Brun-
nen ſtehet.

Zu den Nebengebäuden dieſes Hauſes gehört ein
ſehr niedliches und bequemes Badehaus, wo die Bäder
für Männliche, und Weibliche geſondert ſind, und durch-
gelegte Röhren und angebrachte Hanen nach Erforderniß kalt und warm gemacht werden können. Außer dieſen Hausbädern werden auch noch Flußbäder in dem an-
ſtoßenden Regnitzſtrome für die Kranke angelegt.

Was die innerliche Einrichtung dieſes Spitals betrifft, ſo können hundert und zwanzig Kranke ganz bequem aufgenommen werden. Ein jeder Kranke hat ſein
geſondertes Bett, welches aus einem Strohſack, einer
Matrazze, zwey Polſtern, zwey Kopfküſſen, zwey Bett-
tüchern, und einer wollenen Zudecke beſtehet.

Die männliche und weibliche Kranke ſind gänzlich von einander geſondert. Dieſe Sönderung iſt theils
durch Flügelthüren, die in der Mitte, der mehr als
zwey hundert Schuhe langen Gängen ſich befinden, be-
wirkt worden, theils aber dadurch, daß zwiſchen den
weiblichen und männlichen Krankenſälen, eine Hauskapelle angebracht wurde. In dieſer Kapelle können die

G 4 Kran-

Kranke beyderley Geschlechts Messe hören, ohne daß sie zusammen kommen. Die Kranke in den beyden oberen Stockwerken können sogar der Messeandacht beywohnen, ohne daß sie nöthig haben, sich aus ihren Zimmern zu begeben.

Sowohl der mittlere, obere, als auch der untere Stock ist für Kranke eingerichtet.

Der untere Stock ist für äußerliche Kranke bestimmt, und in einem jeden Zimmer dieses Stocks stehen vier Bette.

Der mittlere Stock ist für die innerliche Kranke; die unentgeldlich aufgenommen werden; der obere aber für diejenige, die für ihren Aufenthalt, Verpflegung, und Heilung etwas zu entrichten haben. Zu den letzteren gehören die kranke Handwerksgesellen, und das noch zu errichtende Dienstbotheninstitut.

Die Zimmer des Flügelgebäudes, welche an den mittleren und oberen Stock anstoßen, die mit den großen Krankensälen aber keine Gemeinschaft haben, sind für die Venerische, Krätzige, und übrige ansteckende Kranke bestimmt. —

In den großen Krankensälen, deren viere in jedem Stock sind, stehen acht Bette. Ein jeder dieser Säle hat vierzehn Schuh in der Höhe, drey und dreysig in der Länge, und ein und dreysig in der Breite. —

Die

Die Bette stehen nicht in einer Reihe, sondern vier und vier auf jeder Seite. Zwischen einem jeden Bette stehet ein Leibstuhl, der aber nicht im Saal selbst, sondern außer demselben in einem Verschlage stehet. So wie eine Thüre von einwerts den Kranken zum Leibstuhl führt, eben so ist auch von außen ein Schubthürchen angebracht, wodurch der Leibstuhl hinweggenommen, und gereiniget werden kann.

Diese sehr schöne und nützliche Erfindung, die auch in mehreren großen Spitälern schon eingeführt worden, macht, daß auch nicht der geringste üble Geruch in den Krankenzimmern ist.

Die Bette haben insgesammt in den großen Sälen Vorhänge, und sind numerirt.

Vor dem Bette eines jeden Kranken stehet ein kleiner Tisch, und ein Stuhl, und über dem Bette ist ein Brett, worauf, und woran die Trinkgeschirre, Messer, Gabel, Handtücher, und einige Kleidungen bequem angebracht werden können.

An der Thüre, die zum Leibstuhl führt, hänge eine Tafel, woran der Nahme des Kranken, dessen Krankheit, und die ihm vorgeschriebene Speiseportion, aufgezeichnet ist.

Zur Reinigung der Luft sind in jedem Saale Dunstschlöte angebracht, die nach Erforderniß geöffnet, und geschlossen werden.

G 5   Die-

Diese Dunſtſchlöte werden auch im Winter täglich zwey und mehrere Stunden offen gehalten, und bewirken, daß der Kranke ſtets eine reine geſunde Luft
einathmet. In dem unteren Stock, wo die chirurgi-
ſche Kranke liegen, hat man ſtatt der Dunſtſchlöte,
Luftlöcher, und ſogenannte Luftreiniger angebracht.

Zur innern Schönheit dieſes Hauſes, und zur beſondern Bequemlichkeit für die Kranke, gehören die
große, breite, helle, und freundliche Gänge, deren jeder
mehr als zwey hundert Schuhe lang iſt. Dieſe an und
für ſich ſchon ſehr freundliche Gänge werden durch ein
ſpringendes Waſſer, welches durch ein Druckwerk hieher geleitet worden, noch anzüglicher. Das muntere
rieſelnde Geplätſcher, womit ſich dieſes Waſſer in klei-
ne Baſſins ergießt, ſcheint alles um ſich her zu erfri-
ſchen, und zu beleben.

Dieſe mit Waſſer ſtets angefüllte Baſſins tragen
viel dazu bey, die Reinlichkeit in dieſem Hauſe zu erhalten.

Reinlichkeit überhaupt iſt einer von den vorzügli-
chen Gegenſtänden, worauf in dieſem Spital eine ganz
beſondere Sorgfalt verwendet wird. Es müſſen daher auch alle Kranke, die dahin kommen, bevor ihnen ein Bett angewieſen wird, entkleidet, und gereiniget werden. Zu dieſem Endzwecke werden für beyde Geſchlechte Kleidungsſtücke in Bereitſchaft gehalten.

Die-

Diese Kleidungsstücke bestehen außer dem Hembe, für
Mannspersonen, aus einem leinenen Schlafrock, und
Beinkleider, für Frauenzimmer, aus einer Jacke und
Rock, dann aus einem Halstuch, Haube, Strümpfen,
Pantofeln, und einem Schnupftuche. Die Kranken=
wärterinnen sind gehalten, die Ankömmlinge zu ent=
kleiden, und zu reinigen. Die dem Kranken eigen=
thümliche Kleidungsstücke werden, nachdem sie vorher
durchräuchert, und gereiniget worden, vom Hausver=
walter aufbewahrt, bis der Kranke im Stande ist,
das Haus zu verlassen.

Die Kleidungsstücke für Venerische und Krätzige
sind besonders gezeichnet, und werden nie mit anderen
vermengt. Dieses nähmliche gilt auch von den Betten
der ansteckenden Kranken.

Nach dem Ende einer jeden Woche erhalten die
Kranke frische Wäsche.

Da die Erfahrung in mehreren Spitälern gezei=
get hat, daß die männliche Krankenwärter nicht so für
die Reinlichkeit besorgt sind, als die weibliche, so hat
der Fürst ausdrücklich befohlen, auch für die männli=
che Kranke, keine andere, als weibliche Krankenwär=
terinnen anzunehmen. — Eine jede Krankenwärterinn
hat die Obsorge über sieben Kranke.

In jedem Saal von acht Betten befindet sich da=
her auch jedesmahl eine Wärterinn, für die eines dieser
Betten leer stehen bleibt.   Die

Die größere Krankensäle sind sehr bequem für die Wärterinnen eingerichtet, indem Glasthüren zwischen einem und dem andern Saale angebracht sind, wodurch die Wärterinnen zusammenkommen, und sich beystehen können.

So sehr auf Reinlichkeit und guter Warte in diesem Hause gesehen wird, nicht minder wird auch alle Sorge angewendet, den Kranken eine gute und nahrhafte Kost zu verschaffen. Die Krankenkost ist in Speiseportionen abgetheilt, und zwar in viertel, halbe, dreyviertel, und ganze Portionen.

Der Arzt bemerkt täglich an der Tafel, die bey dem Bette eines jeden Kranken hängt, die Portion, die ihm bestimmt ist. — Die ganze Portion bestehet aus Suppe, Rindfleisch, Gemüse, und eingemachtem Kalbfleische; die dreyviertel Portion, aus Suppe, eingemachtem Fleische, und Gemüse; die halbe aus Suppe, und Gemüse, und die viertel Portion aus Suppe. Auf jedem Kranken wird täglich ein Leibchen Brod und ein Maaß Suppe gerechnet, indem die Kranke auch früh und abends Suppe bekommen. Diejenige, denen die ganze Portion vorgeschrieben ist, erhalten auch Abends Fleisch. Ein jeder Kranke bekommt die ihm bestimmte Portion allein auf seinen eigenen Tisch. Die Speisen müssen in eisernen Töpfen gekocht werden.

Die

Die ganze Oekonomie wird auf Rechnung des Fürsten geführt, wozu ein Hausverwalter aufgestellt ist, der monathlich bey der Spitalkommiſſion Rechnung abzulegen hat.

Was die arzneyliche Verpflegung in dieſem Hauſe betrifft, ſo beſtehen die hierzu aufgeſtellte Perſonen, aus dem dirigirenden Arzte, dem zweyten Arzte, dem Ober - und Unterwundarzte.

Der Unterwundarzt allein wohnt in dieſem Hauſe, und zwar in dem untern Gange, der für die äußerliche Kranke eingerichtet iſt. In dieſem nähmlichen Gange haben auch die beyde Aerzte ihre Zimmer.

In dem Zimmer des dirigirenden Arztes geſchieht zugleich die Aufnahme und Unterſuchung der Kranken. In einem Nebenzimmer des zweyten Arztes iſt zugleich die Hausapotheke angebracht worden. Das Zimmer des Oberwundarztes dient zugleich zum Operationszimmer.

Die beyden Aerzte nebſt dem Oberwundarzte verſammeln ſich täglich zu einer faſt geſetzten Vormittagsſtunde im Spital, die Kranke gemeinſchäftlich zu beſuchen.

Bey dieſem Krankenbeſuche haben beyde Aerzte ihr Geſchäft ſo unter ſich getheilt, daß während dem der erſte Arzt die Unterſuchung der Krankheit, der Zufälle und Abänderungen vornimmt, der zweyte die Krankengeſchichte alſobald in ein beſonderes dazu beſtimmtes

Buch

Buch einträgt. Nach vorhergegangener Untersuchung der Krankheit berathen sich beyde Aerzte über die zu verordnenden Arzneyen, welche sowohl in das Rezept als auch Krankenbuch alsobald eingetragen werden. — Der zwente Arzt hat die Verbindlichkeit, die Kranke außer der Frühmorgensstunde auch noch einmahl gegen Abend zu besuchen. Die Krankengeschichten der Genesenen sowohl als auch der Verstorbenen müssen von ihm aus dem Journal in das Hauptbuch übertragen werden. —

Die nähmliche Ordnung, welche die Aerzte bey den innerlichen Kranken beobachten, ist auch der Oberwundarzt verbunden, bey den äußerlichen zu halten.

Alle äußerlich zu verordnende Arzneyen werden von ihm in ein besonderes für die äußerliche Kranke bestimmtes Rezeptbuch eingetragen.

Er unternimmt keine wichtige Operation, ohne vorher mit den Aerzten sich darüber berathen zu haben.—

Der Unterwundarzt, der im Spital wohnt, hat zu gleicher Zeit die Aufsicht über die Krankenwärterinnen.

Er muß täglich mehrmahls alle Krankensäle durchgehen, und genau untersuchen, ob die Kranke die Arzneyen ordentlich bekommen, und einnehmen. Zu seinen fernern Obliegenheiten gehören auch die anzustellende Wetterbeobachtungen. Zu den drey verschiedenen Tagszeiten muß er den Stand der Wettergläser in ein beson-

sonderes Buch aufzeichnen. Zum Behuf dieser Wetterbeobachtungen hat der Hausverwalter, Herr Maser eine
sehr künstliche Wetterfahne auf dem Spital angebracht.
Auf dieser Fahne sind die zwey und dreyßig verschiedene
Winde angezeigt. Der Mechanismus, welcher bey
dieser Fahne angebracht worden, ist sehr einfach, und
macht der Erfindungskraft des Herrn Masers Ehre.
Er ist der nähmliche, der vormahls Kastellan im Seehof war, und sich durch Statüen, die mit Schnecken
und Muscheln künstlich belegt, und geziert sind, auch
auswärts berühmt gemacht hat.

Die Arzneyen für die Kranke in diesem Hause wer-
ben aus einer der hiesigen Stadtapotheken genommen.
Die nöthigen Arzneyen für die Hausapotheke, liefert
der Apotheker um den nähmlichen Preis, wie sie in
dem Preiskourantzettel angesetzt sind. Die Arzneyen
aber, die eine besondere Zubereitung erfordern, läßt er
in seiner Offizin verfertigen. —

Damit auch für die Seele der Kranken in diesem
Spital gesorget werde, so muß in der Hauskapelle Messe
gelesen, und die Kranke täglich von einem Geistlichen
besucht werden.

Obgleich der Geistliche nicht für beständig im Spital wohnt, so wird doch sowohl für den katholischen,
als den protestantischen Pfarrer ein Zimmer in Bereit-

schaft

schaft gehalten, das mit einem Bett und den übrigen nöthigen Meubels versehen ist, damit sie auch die Nacht über hier verbleiben können. Da sich mehrere protestantische Handwerksgesellen in hiesiger Stadt befinden, die, wenn sie erkranken, in dieses Spital gebracht werden, so ereignet sich öfter der Fall, daß ein protestantischer Pfarrer aus der Nachbarschaft hieher geholt wird. — Kranke, die in dieses Spital aufgenommen zu werden verlangen, müssen zu der bestimmten Frühmorgensstunde, wenn die Aerzte, und die Wundärzte versammelt sind, sich daselbst einfinden.

Die Aerzte haben ihre Vorschrift, nach welcher sie sich bey der Annahme der Kranken und Krankheiten zu richten haben.

Die Krankheiten, die in diesem Krankenhause nicht aufgenommen werden, sind Wahnsinn, Epilepsie, Krebs, und die übrige unheilbare langwierige Krankheiten.

Vier und sechzig Bette werden stets für ganz Arme, die unentgeldlich aufgenommen werden, in Bereitschaft gehalten. Diese Arme werden aber nicht eher angenommen, bis sie eine Bescheinigung ihrer Armuth von der hiesigen Hochfürstlichen Armenkommission vorzeigen. Die Anzahl der Konscribirten, die Anspruch auf die Annahme in diesem Krankenhause machen können, beläuft sich auf drey tausend. —

Außer

Außer den Stadtarmen werden auch diejenige Kranke vom Lande in das Spital gebracht, deren Krankheiten eine wichtige chirurgische Operation oder eine besondere Wart und Verpflegung erfordern.

Bey der Errichtung des Spitals gab der hohe Stifter desselben, den hiesigen Handwerkern die Erlaubniß, ein Krankeninstitut für die Gesellen zu errichten, damit im Fall einer erkrankte, in das Spital aufgenommen werden könnte. Zu diesem Institut, daß unser wohlthätigste **Fürst** mit tausend Gulden fränkisch aus seinem Eigenthume beschenkte, haben sich schon tausend Gesellen einschreiben lassen.

Bey der Aufnahme zahlt jeder Gesell drey Kreuzer und wöchentlich einen Kreuzer. Dieses Geld nehmen eigene dazu bestellte Deputirte Handwerksmeister ein, und zahlen dem Spital für jeden kranken Gesellen täglich fünf und zwanzig Kreuzer rheinisch. — Das mehrere von diesem sehr löblichen Institute übergehe ich mit Stillschweigen, indem die Deputirte nächstens eine umständliche Beschreibung ihrer Einrichtung und Verfassung herauszugeben entschlossen sind. —

Nebst dem Krankengeselleninstitut, will der **Fürst** auch ein Institut für die kranke Dienstbothen errichten, und mit dem Krankenhause vereinigen lassen. Da mehr als drey tausend Dienstbothen in hiesiger Stadt sind, wovon jedesmahl eine beträchtliche Anzahl krank und hülf-

los ist, so sehen Dienstherren und Dienstbothen der Errichtung dieses wohlthätigen Instituts mit Sehnsucht entgegen. ——

Beynahe achttausend Personen sind es also, wenn dieses leßtere Institut auch noch zu Stande gebracht seyn wird, die, wenn sie erkranken, Anspruch haben, in diesem Spital aufgenommen zu werden. Sollte auch nur einer von zwanzig jährlich krank werden, so kämen dennoch, in einem Jahre vier hundert Kranke in dieses Haus. —— Diese Anzahl wird sich verdoppeln, so bald Epidemien einreisen sollten.

Der gnädigste **Fürst** hat eine besondere Kommission für dieses Spital ernennt, die für Oekonomie, gute Ordnung, und alle Angelegenheit desselben Sorge tragen muß. Wöchentlich einmahl versammeln sich die Mitglieder dieser Kommission in dem Spital selbst. Der Präsident dieser Kommission ist, der um dieses Haus so sehr verdiente Herr Obermarschall und Ritterhauptmann Freyherr von Stauffenberg. ——

Bey-

Beylage.
Nro. XII.

Volksmenge der hiesigen Stadt.

Eine vollständige statistische Tabelle über die hiesige Volksmenge ist bisher hier noch nicht zu Stande gekommen. Seine Hochfürstliche Gnaden haben beschlossen, in diesem Jahre noch eine solche statistische Tabelle, wie die Wirzburger, hier verfertigen zu lassen. — So viel man mit Gewißheit annehmen kann, so bestehet die hiesige Volksmenge aus zwanzig bis ein und zwanzig tausend.

Im Jahre 1789 zählte man in der St. Martins - Pfarrey acht tausend sechshundert eilfe. In der Oberen = Pfarr acht tausend zweyhundert vierzig. Die Dompfarrey, die Abtey Michelsberg, die Dom-und Kanonikathäuser, St. Stephan, St. Gangolph, St. Jacob und derer Pfarreyen, sodann die Klöster der Dominikaner, Franziskaner, Karmeliten, Kapuziner und die drey Nonnenklöster werden insgesammt auf vier tausend berechnet, somit in Summa zwanzig tausend acht hundert ein und fünfzig. Ich theile hier noch eine fernere

nere

uere Anzeige über einen Theil der hiesigen Einwohner mit;
für deren Aechtheit ich bürgen kann. —

Nach dieser befinden sich in hiesiger Stadt:

Tausend sechshundert vier und zwanzig Handwerksmeister.

Tausend und drey Handwerksgesellen.

Zwey hundert acht Lehrjungen.

Zwey hundert zwölf Ordensgeistliche, worunter hundert
zwey und neunzig männliche, und achzig weibliche
sind.

Hundert zwey und sechzig Weltgeistliche.

Ferner befinden sich in Bamberg sechzig Juden-
haushalten, welche aus dreyhundert sieben und fünfzig
Köpfe bestehen. —

Aus dieser Volksmenge Bambergs läßt sich von
selbst leicht beurtheilen, wie unzulänglich unsere vormah-
ligen Krankenhäuser waren, die insgesammt nicht mehr
als höchstens zwanzig Kranke fassen konnten.

Bey.

Beylage.

Nro. XIII.

Erthalische Stiftung.

Unter den vielen wohlthätigen Stiftungen für arme
Kranke deren sich unsere Vaterstadt zu erfreuen
hat, verdient vorzüglich jene die unter dem Nahmen der
Erthalischen hier so bekannt ist, genennet und angefüh-
ret zu werden. – Der hohe Stifter derselben war ein
Oheim unsers gnädigsten **Fürsten**, der Herr Chri-
stian Ludwig von Erthal. Er war Domherr zu Mainz
und Bamberg, und an beyden Orten Geheimerrath.
Er starb im Jahr 1760. — Das Kapital, wel-
es Er für die Hausarme und Kranke vermacht hat,
belauft sich auf mehr als einmahl hundert tausend Gulden. — Es wird jährlich von dem Hochwürdigen
hiesigen gnädigen Domkapitel der größte Theil der Zin-
sen von diesem Kapital, welches sich auf drey bis vier
tausend Gulden beläuft, an die beyde Stadt-Pfar-
reyen abgegeben. —

Ich lasse hier den Artikel aus dem letztenwillen
des wohlthätigen seligen Stifters hier mit abdrucken,
worin Er für die hiesige Stadtarme so großmüthig
gesorgt hat.

H 3   „Neun-

„Neuntens. Setze ich zu meinem Universaler-
„ben ein, von dem auch alle meine hinterlassene Schul-
„den zu bezahlen sind, wenn ich solche nicht vor mei-
„nem Tod abtragen sollte, das allhiesige Domkapit-
„lische Allmosenamt also und dergestalten; daß, wann
„das Amt sein Drittel vermög Regulativ Capitularis
„von meiner Verlassenschaft haben sollte, daß die andere
„zwey Drittel auf Capital gelegt werden sollen, die
„davon fallende Interesse von dem Officianten, so das
„Amt zu verwalten, alljährlich beeden Herrn Dompre-
„digern mit solcher Condition einhändigen soll, daß sie
„selbige Interesse unter wahre Hausarme jederzeit ge-
„treulich austheilen sollen, als welchen beeden Herren
„Dompredigern, die wahre Arme in Bamberg am
„besten können bekannt werden und seyn, herentgegen
„aber sollen die nothleidende arme Kranke, obwohlen
„sie keine Hausarme seynd, das Allmosen aber zu ih-
„rer Wiedergenesung hoch vonnöthen haben, auch die-
„ses Allmosens vorzüglich zu genießen fähig seyn, und
„gleichwie ich dieses aus Liebe zu Gott also verordne
„zum Besten der Armen, also wird auch der Allmäch-
„tige diejenige so mir in meinen Vorhaben zum Be-
„sten der Armen einige Verhinderniß oder Aufschub
„machen sollten, sowohl hier zeitlich als dorten ewig-
„lich nach seiner Gerechtigkeit allschon bestrafen. —

Druckfehler.

Mit nicht geringem Unwillen bemerkte ich, nachdem das Werk schon abgedruckt war, darin nicht nur verschiedene Druck- sondern auch Sprachfehler z. B. Euer Hochfürstlichen Gnaden statt Eure Hochfürstliche Gnaden, Seine Hochfürstlichen Gnaden unser gnädigster Landesvater; des Fürstens; die öftere Weglassung des n als Zeichen der vielfachen Zahl ꝛc. Aus Liebe zur Sprachrichtigkeit, und aus Achtung, die ich für das lesende Publikum habe, und jeder Schriftsteller haben soll, kann ich selbst diese Fehler nicht ungeahndet lassen — noch weniger auf meine Rechnung nehmen.

An statt physikalisch in der Vorrede lese physisch.

Der Verfasser.

NB. Die eingelegte Tabelle ist hiemit dem D Bogen pag. 59 beyzuheften.